LA DECISIÓN ... ES TU VIDA, TÚ ELIGES

Dr. Miguel Ruiz

Claudia Lizaldi

La decisión
... es tu vida, tú eliges

EDICIONES URANO

Argentina - Chile - Colombia - España
Estados Unidos - México - Uruguay - Venezuela

Reservados todos los derechos. Queda rigurosamente prohibida, sin la autorización escrita de los titulares del *Copyright*, bajo las sanciones establecidas en las leyes, la reproducción parcial o total de esta obra por cualquier medio o procedimiento, incluidos la reprografía y el tratamiento informático, así como la distribución de ejemplares mediante alquiler o préstamos públicos.

© 2008 *by* Miguel Angel Ruiz, M.D., y Claudia Lizaldi Mijares
© 2008 *by* EDICIONES URANO, S.A.
Aribau, 142, pral. -08036 Barcelona
www.edicionesurano.com

ISBN: 978-84-7953-697-8

Ilustraciones: Jorge Marín
Fotografías Claudia y Miguel: Paola León
Fotocomposición: KrearT Servicios Editoriales S.A. de C.V
Impreso por Gráfica Monte Albán, S.A. de C.V. –Fracc. Agro Industrial La Cruz – El Marqués, Queretaro.

Impreso en México – *Printed in México*

Miguel, gracias, no sólo porque has abierto mis ojos más definitivamente de lo que nadie antes lo había hecho, no sólo porque me tomaste como una más de tu familia y con el corazón en la mano te preocupaste por mi vida desde el primer minuto sino que, porque sin tu existir y compartir esa existencia, este libro no habría sido nunca.

Índice

Agradecimientos 11

Nota del Editor 15

Prólogo 17

Una pequeña introducción 21

**Tu sistema de creencias o la máquina
interpretadora** 29

Bendiciones disfrazadas 35

Lo que atrapa mi atención 43

**Entrevista con Miguel Ruiz
¿Cuáles son los 4 acuerdos?** 51

El sexo	75
Las drogas	83
Los antros	95
Las relaciones: tu pareja, la familia, los amigos y la relación contigo mismo	103
Tu pareja	109
La familia	115
Los amigos	119
La relación contigo mismo	122
Tú eliges, ¡es tu vida!	127
Trastornos alimentarios	133
Más decisiones	141
El ser espiritual	151
¿Para qué me sirve tener un camino espiritual?	153
¿Cómo conecto con mi maestro?	155
Abre los ojos a tu destino	156
La maestría del darte cuenta	157
La muerte	165
Bibliografía	171

Agradecimientos

Primero quiero darle las gracias a Ivonne y a Luis que me dieron la vida. Mamá, eres una heroína, mejor de las que salen en las películas, básicamente sí sé que uno puede con todo es porque crecí viéndote poder con TODO. Papá, consciente e inconscientemente me has dado todas las armas para hacer y ser, gracias por cada historia, hoy, soy más libre por muchas de ellas… Hermana, tú eres un ejemplo más de que todo es posible y que el mundo es como tú lo quieras ver y tu más hermosa creación, Luisito, me llena de alegría el corazón. Hermano, mi socio en todo, un cómplice para celebrar la vida, no hubiera sido nada de lo que hoy amo que soy, si no hubieras llegado.

Lulú, Julián y Érika, Leslie, Liz, tía Pepina, Gus, Javi, Paty, Tania, Beto, Oliver, Vane, Enrique, Vale, Raulito, Fabiola, Pepis y Chofi, Óscar y Lili, Max y Leo y el que viene en camino. Geraldine, Ale, Hanny, Cris, Sergio, Sergito, Cristo, Adolfo. La familia es para mí, mi más grande fuente de luz en todos sentidos. Cada uno de mis amigos y de mis amigas, hermanos por elección, qué bendición su amor, las historias compartidas y los momentos que dan fuerza y sentido a lo que está en este libro… Luis Alberto, bendito delincuente, gracias. Martita, Iggy, Andrea, Sebastián y Matilda: viven una obra de arte digna de contarse, gracias por amarme así. Marco, gracias por la brutal honestidad que le dio a este sueño lo que le faltaba. Ale, que el amor es incondicional, lo sé, gracias a ti. Lukinis, Pepillo, Raque y León Besudo, Nancy, Ale Soto, George y Fernanda: los mejores compañeros de banca ¡y vida! Gaby, Karlita De la Peña, Anajo, Pao, Sua, Claudia, Ale Llano, Wolf León, Alguita y Sebas, Serradilla, Bea, Sandía, Alana, Villanueva: sí, las hadas existen. Hadita y Rata ¡viva el amor! Susan, Mike, Miguelito e Ixchel amor y más amor. José Luis y Judy, que la vida es muy fácil… Si se siente bien, está bien. Si se siente mal, está mal… gracias por enseñarme eso y más. Pepe, gracias por leer, volver a leer y otra vez y después, de nuevo este libro desde el primer capítulo, eres parte importantísima en él. Leo, Kawa, Touffic, German, Jimmy, Plu, Juan Ra, Rodri, Sergio Berguer, Carlos López y Sergio Gabriel, gracias por cada sonrisa y cada inolvidable momento. Jorge Marín (Señor Magia) y Erick, cada historia juntos (mágica y gran historia) está en mi corazón. Piki, Peyo, Gordo y Geisha, Karlita Goudinoff y Mina Albert… gracias por su divertido apoyo. Serrano, me diste tanta confianza en este proyecto como no te imaginas ¡gracias! Mike, no importa si es "Ay Güey" o lo que se te ocurra, tu fe es conmovedora y un hermoso regalo para quienes te conocemos. Andrés y Diego, viva el haber soñado esto juntos y lo que está ¡por venir! Coque y Mina, Salvador y Vicky, Carmen, Big Vic y Gaby. Talina, una guerrera a quien seguirle el paso. Alexis y Vero, Sabi, Chen, Lalito, Flor, Alex, Fer y Emilia, Tania y Vane Shapiro. Kari, gracias por tu apoyo incondicional. Ro, Vane ¡mi dulce niña! y la pinga Isabela. Paloma González, una cómplice para que todo esto tenga la forma que debe tener ¡es invaluable!, gracias. Ariel ¡sí, certeza!, Adela Micha, eres ejemplo. Mike Laporta y a todos en el kilo de ayuda, me quito el sombrero. Potrillo, tu fuerza es un ejemplo de que se puede ¡todo! Víctor Trujillo, qué placer es que existas. Andrés Bustamante, eres un genio, gracias por compartirte. Lari e Iván… gracias por creer en mí, así.

Y para quienes ya no están aquí pero que con su partida me dieron la lección más importante de la vida… Susy, mi MAESTRA hasta tu adiós, mis abuelos Fer y Mary, los gocé hasta el último momento, gracias por enseñarme a bailar y a reír, Luis y Rebeca, mi guapísimo tío Fer y Marianita… Hoy son la luz que siempre está y, por más oscuro que parezca todo, no dejan que me sienta sola.

A ti, que tienes este libro en tus manos, gracias por compartir este mundo, hagas lo que hagas, seas quien seas, fuimos y seremos lo mismo... Mientras tanto ¡qué rico poder vivir!

Nota del Editor

Este libro está dirigido a ti, que seguramente estás lleno de inquietudes y que deseas que tus preguntas tengan respuestas. A ti, que quizás no encuentres fácilmente a quien tenerle confianza plena para resolver tus dudas. A ti, que de pronto te encuentras confundido, presionado y desanimado en la vida. A ti, que intentas sacar de ti lo mejor que tienes.

A ti, que comienzas a recorrer por ti mismo el camino de la vida.

Prólogo

En noviembre del 2003, en una breve visita a México, la capital de nuestro país, conocí a una mujer muy interesante que siempre llevaba una sonrisa que reflejaba la confianza en sí misma y su belleza, una mujer extremadamente inteligente.

Ella estaba participando en un programa para la televisión donde yo acudí a una entrevista, fue, un amor a primera vista, de inmediato supe la calidad de artista y aunque en ese tiempo la confianza en sí misma era increíble aún no estaba completamente conforme con su forma de vida, sus inquietudes estaban dirigidas por la compasión que sentía por los que eran todavía más jóvenes que ella y estaba preocupada por los problemas que ocurren en la adolescencia tanto de hombres como de mujeres; de inmediato, la acepté como mi aprendiz y la quise como a un familiar muy allegado, como si fuese mi propia hija y así se lo hice saber y cada vez que ella tenía tiempo, venía conmigo a pasar una temporada donde se intensificaban sus estudios hasta llegar a convertirse en una verdadera maestra, es en este libro, que está compartiendo los conocimientos que aprendió no únicamente de mí, sino de todo el mundo a su alrededor y los imparte en una forma única que creo que es completamente clara para las nuevas generaciones.

Este libro es una mezcla entre generosidad y el agradecimiento que ofrece con toda su pasión, compasión y respeto para todos aquellos que necesitan una pequeña guía para recuperar la confianza en sí mismos.

Miguel Ruiz

"Estoy convencido de que en un principio Dios hizo un mundo distinto para cada hombre y que es en ese mundo, que está dentro de nosotros mismos, donde deberíamos intentar vivir".

Oscar Wilde

Una pequeña introducción

Me encanta darte la bienvenida, pensar que vas a leer este libro y que te vas a dar la oportunidad de conocer algo diferente a lo que normalmente nos enseñan en la casa y en la escuela.

Siempre tenemos dudas pero usualmente no nos detenemos a pensar qué camino nos gustaría tomar para aclararlas y así, casi siempre, nos dejamos llevar por un camino cualquiera que creemos es el único por ser el obvio cuando, en realidad, hay tantos y eres tú quien elige cuál quiere tomar. Cuando un amigo me contó la historia de esta mujer supe qué quería con este libro y para qué escribirlo…

… Ella nació en una familia pobre con cuatro hermanos. Cuando era niña soñaba que sería secretaria, y aunque no había mucho dinero en su casa comenzó a estudiar para así, tal vez, un día poder llegar a realizar estudios superiores y conseguir ese sueño… En realidad la vida la llevó al ejército y, ¡vaya que sobresalía por su inteligencia y dedicación!, así es que le propusieron becarla para la universidad, la que ella eligiera, cualquier carrera… Hizo un par de propuestas, sencillas… y cuando su novio, en ese entonces mi amigo, leyó lo que pedía le dijo: *¡Cómo! ¿Por qué no pides Harvard? Si quieres Leyes, es lo mejor.* No era algo que ella pidiera porque no era parte de su sueño, y no era así, no porque no quisiera, sino porque no alcanzaba a ver esa posibilidad, nunca se la había planteado y entonces no la veía… Pidió Harvard. Hoy es una abogada muy importante e influyente, una mujer de color que se dio la oportunidad de soñar más de lo que su entorno le permitía ver…

Soñamos nuestra vida en relación a lo que creemos que es posible y se nos pasa de largo que…

TODO ES POSIBLE.

Uno de mis mayores sueños era conocer a **Mi Maestro** y que fuera como había leído en tantos libros, al grado de que cambiara mi vida. Lo conocí, Miguel Ruiz y a través de lo que me ha enseñado y de lo que me *he enseñado* a su lado, muchos más sueños se han vuelto realidad. El mejor de todos es el día a día en mi vida desde hace ya mucho tiempo, creo en la magia, pero no en la que convierte el plomo en oro, como se dice hicieron los alquimistas en el pasado, creo en esa sutil y verdadera que transforma la vida cotidiana en una obra maestra... Eso aprendí de Miguel y eso lo aprendió él de sus raíces, de los Toltecas que eran artistas, de hecho, éste es el significado de la palabra **tolteca: artista.** Ellos dedicaban su vida a hacer de ella una obra de arte, desarrollaron acuerdos que les permitieron ser libres y felices, ocuparon su poder para crear vidas maravillosas con el poder de la palabra y el de la intención.

Vivimos en un mundo lleno de historias con las cuales, muchas veces, no estamos de acuerdo, con las que no estamos cómodos, en las que no encajamos y, sin embargo, nos han enseñado que el contenido de esas historias es *la verdad* –la única y absoluta verdad.

La verdad absoluta no puede explicarse, al hacerlo, por el simple hecho de intentar explicarla, darle forma o definirla, se vuelve relativa. La verdad absoluta *ES* y, lo que definimos, lo que a partir de ella *interpretamos* como verdad, sólo por hacerlo, la vuelve relativa, virtual y **particular**...

Cada uno de nosotros tiene su propia verdad, su propia verdad virtual y ésta la creamos según lo que hemos aprendido, según nuestro propio punto de vista, nuestro particular sistema de creencias que se ha ido formando de acuerdo a como te han educado, lo que has vivido, qué cosas han atrapado tu atención y cómo, lo que ya habías vivido, ayudó a que lo interpretaras de cierto modo...

Cada evento, absolutamente todo lo que sucede a nuestro alrededor, no tiene ningún significado propio y, vas a ser tú, quien interprete ese evento y le ponga *significado*.

Imaginemos que tu mamá llega a tu casa y tú no has terminado un trabajo de la escuela, ella te regaña, te grita y tú tienes –te lo digo en serio- miles de posibilidades para interpretar este evento... Le contestas bien, le contestas mal, no contestas, te pones a trabajar, le explicas, te ríes, lloras, te sientes con ella porque *¿cómo puede gritarte así? ¡A ti!*

De acuerdo a como interpretes lo que sucedió, un hecho que no significa nada, hasta que tu sistema de creencias *–tu máquina interpretadora-* se pone en marcha, entonces reaccionas.

Ahora, no vayas a creer que esto, tu reacción al estímulo, tarda mucho tiempo en suceder como cuando se te antoja un chicle saliendo del súper...

¡Todo eso! ¡Uy no! Nuestro sistema de creencias —*máquina interpretadora*— funciona tan rápido, que es como si una vez que vas saliendo del súper…

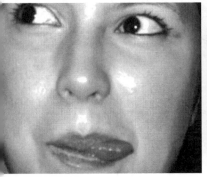 

Se te antoja el chicle …   *Y ya lo estuvieras masticando*

¡Sí! Así de veloz, en microsegundos. Por eso es tan importante saber que existe, conocer como funciona particularmente el tuyo y poner atención a tus reacciones. Es ahí donde podrás hacer la diferencia, donde tú tomas la decisión de cómo interpretar lo que sucede *a tu favor* y reaccionar *a tu favor*.

Tu sistema de creencias o la máquina interpretadora

¿Qué es eso?

La máquina interpretadora. Somos perfectos. Tenemos todos los elementos necesarios para hacer de nuestra vida algo maravilloso o algo horrendo; y, lo mejor de esto, de lo que somos, es que contamos con el *libre albedrío,* es decir que *tú escoges, tú eliges,* y esto no es algo que comúnmente se nos enseña.

No llegas a primaria o a secundaria y te encuentras que hay una clase en la que te dan esta información y te explican –te recuerdan- de qué forma estamos hechos, con qué contamos y para qué nos sirve el libre albedrío.

Parte de este sistema es lo que llamamos sistema de creencias, y le he apodado: *máquina interpretadora* (MI) y es tan importante porque a través de ella *nos hacemos* del mundo.

Es, a través de esta máquina interpretadora, que todo lo que pasa en tu vida, en tu familia, con tus amigos, en la escuela, en el mundo, que toda la información que te llega por medio de la televisión, del radio, del Internet, de las revistas y de los periódicos; esto es *¡todo!*, todo lo que llama tu atención **se filtra, toma forma y adquiere significado para ti.**

El mundo será interpretado distinto en cada caso, una misma cosa será maravillosa para alguien y terrible para otro y, en medio, tantos *tonos* –interpretaciones- distintos como número de habitantes hay en el planeta...

Pero, ¿cómo se formó esta MI?

Imagina un salón de clases con 30 alumnos. A cada uno le entregan una computadora personal; en un principio todas las máquinas tienen exactamente lo mismo, pero cada alumno tiene la opción de escoger, entre distintos programas, con cuáles la va a cargar.

Los alumnos no escogen de entre todos los programas disponibles, aunque tengan muchos de donde elegir, no serán jamás todos los que existen en el mundo, algunos tendrán más opciones que otros y, de seguro, no todos elegirán lo mismo.

¿Quién te da estos programas? Tus padres, la sociedad en la que vives, la religión que practicas o el hecho de que no practiques ninguna, el lugar donde naciste, la familia en la que te criaron, lo que tu sociedad cree... De acuerdo a todo esto tienes determinadas opciones de programas para cargar tu computadora.

Cada una de las 30 computadoras funcionará ahora, en lo general, igual, pero en lo particular, diferente.

Te aseguro que no habrá una sola computadora idéntica, los programas con que contará cada una serán distintos, algunas computadoras van a coincidir en ciertos programas y otras en ninguno.

Es así. Somos como esa computadora a la que le metemos, en un principio, ciertos programas y a la cual, constantemente, le ponemos y quitamos otros. Así es como funciona nuestra MI, recibe la información del exterior, de los eventos que capturan nuestra atención y los interpreta y, al hacerlo, nos impactan de una u otra forma.

Por eso es que *tú eliges*, porque el evento puede ser el mismo para todos, pero lo que significa para ti eres *tú* quien lo decide: te des cuenta o no, lo asumas o no. Lo que sucede a tu alrededor, *los eventos,* no cambiarán, sólo la forma en que los miras y esto cambia tu vida, tomas el poder de darle el significado que tú eliges al mundo y éste, como si fuera magia, se transforma para ti.

¿Puedo transformar mi sistema de creencias?

¡Siempre!

En cualquier momento podrás hacer cambios e instalarle *mejores* programas, los que necesites, los que te funcionen mejor. Y, como decíamos al principio, la vida puede ser una obra de arte o una *basura…* Tú eliges ¡es tu vida! Y ese, es **el regalo.**

Bendiciones disfrazadas

¿Qué son las bendiciones disfrazadas?

Son todas aquellas cosas "malas" que nos suceden y de las que pensamos *¿por qué me pasa esto a mí? ¡Qué terrible!* Y tiempo después... comprendiste o comprenderás *para qué* sucedieron.

Estar consciente de esto te permitirá, si tú quieres, instalar este programa a tu MI que podrá, entonces, asumir estos eventos que, sin duda, a primera vista lucen fatales como oportunidades para crecer, para ser más libre, para evolucionar.

Abusos, muertes, fracasos, traiciones, pérdidas... lo que se te ocurra, lo más *malo y terrible* que te haya sucedido puede, si tú así lo escoges, ser un motivo para limpiarte, hacerte más libre, ¡recordarte cuánto lo eres!, impulsarte a alcanzar un sueño y entonces el disfraz se le cae a la bendición y ésta queda expuesta.

Lo que se veía terrible y que parecía que jamás ibas a superar, se transforma en una bendición y esa es la *magia*.

Ahora bien, yo estoy aquí hablándote de las bendiciones disfrazadas y diciéndote que esas *cosas terribles* son, en realidad, bendiciones que te hacen crecer. Pero claro que se vale que no me creas y que me mandes a donde mejor te parezca, pero antes déjame decirte por qué es que realmente creo que todo puede ayudarnos a crecer... Las **bendiciones disfrazadas** están por todas partes... Todos las vivimos aunque no siempre nos detengamos a verlas y sepamos agradecerlas...

Testimonios:

Soy Mina, me encantaría compartir la experiencia más significativa que he vivido, aquella en la que jamás pensé verme implicada (ni siquiera podía imaginar a alguien cercano a mí viviendo algo así y creía que no tendría la entereza suficiente)…

Estar al filo de la muerte y privada de mi libertad –secuestrada durante dos semanas- me dio una segunda oportunidad para redefinir mis prioridades y encontrar las cosas que verdaderamente valen la pena. En pocas palabras, el suceso más infeliz y desdichado de mi vida me abrió los ojos a lo que es la felicidad y el camino hacia ella.

Mina Albert
Directora Comercial de **Laletra**

Hola, soy Miguel Ángel. Tengo 42 años y los últimos quince años me he dedicado al negocio de la ropa, de hecho hice una marca de ropa que al día de hoy sigue presente en muchos centros comerciales "To Be". El proyecto era tan bueno que, con ganas de crecer, me asocié con dos personas. Por diferencias la sociedad concluyó pero ellos lograron quedarse con todo. Como en un naufragio alcancé a salvar lo que no representaba ni siquiera un año de trabajo, de un proyecto al que le invertí diez años.

Hoy, seis meses después, tengo una nueva marca, "Ay Güey", y disfruto mucho más mi trabajo sin tener que defender a capa y espada mis decisiones. Por el desprecio que escuchaba de mis socios hacia México fue que esta nueva marca es dedicada 100% a la iconografía nacional: su arte, sus lugares, sus tradiciones, etc.… Creo que la vida es perfecta, hoy estoy mucho mejor que antes y recuperar mi condición económica es sólo cuestión de tiempo ya que la marca está funcionando muy, muy bien. Gracias a la vida por lo dado y por lo no dado, al final, todo son bendiciones.

Miguel Ángel Rodríguez
Fundador *"Ay Güey"*

Mi nombre es Ana, a finales del 2002 me casé, como en un principio todos nos casamos, muy enamorada y con la firme intención de pasar el resto de mi vida con Alex. Después de la luna de miel nos fuimos a vivir a Texas, donde él ya llevaba un año; el status migratorio de mi entonces marido era el de "residente" y, mi fantástica visa, era la de "turista". Tras muchísimo esfuerzo por resolver la situación el resultado fue que un buen día me pararon en migración en Estados Unidos y me amenazaron con no volver a dejarme entrar. Al poco tiempo me llegó una atenta carta donde me pedían que dejara el país antes de 181 días, de no ser así, me sacarían a la fuerza… No tenía ninguna intención de quedarme como indocumentada, por lo que antes del tiempo sugerido, dejé el país. Compré mi boleto para volver a México, desgraciada-

mente no junto a Alex, quien se quedó por una decisión que tomó, la cual yo respeté y apoyé sin compartirla.

Regresé el 9 de abril del 2005 e hice todo eso que dije que iba a hacer, y más, no sólo di lata en la Sala de Arte Público Siqueiros, (SAPS) sino que regresé a trabajar ahí por dos años y mi visita al Edifico Costa Brava no ha acabado, aquí sigo viviendo. Las cosas con mi ahora exmarido se convirtieron en una serie de errores que terminaron en eso: exmarido, el 9 de abril del 2006 firmamos el divorcio.

Parada exactamente en el mismo sitio de donde me fui, tenía la misma chamba, vivía con mi misma amiga en el mismo lugar, era un empezar de cero y miles de nuevos caminos que poder tomar. La vida me daba una segunda oportunidad. Hice de una pila de caca una oportunidad. Hoy tengo el trabajo con el que pienso envejecer, le doy importancia a las cosas que la tienen y trato de dar las menos explicaciones posibles. Voy más liviana.

Ana Villanueva
Anticuaria en potencia

Como ellos, estoy segura, que en tu vida también encontrarás, buscando en lo que ya has vivido y, en adelante, muchas bendiciones disfrazadas, busca una y escríbela, es una forma de seguir sin resentimientos y aún mejor de dar las gracias "sin piedras en la mochila", consciente de las oportunidades que se te han presentado para ser más libre, maduro, segura, inteligente… feliz.

_____
_____
_____
_____
_____
_____
_____
_____

Lo que atrapa mi atención

Hablábamos de las cosas que suceden, de cómo atrapan nuestra atención y de cómo somos nosotros los que elegimos *todo el tiempo* dónde y a quién le prestamos atención, para después hacernos de una idea, un acuerdo –o varios de ese evento o de esa persona en particular.

En el mundo hay millones de historias corriendo al mismo tiempo, billones seguramente y, en todos los sentidos y direcciones imaginables: historias de amor, de odio, de éxitos, de fracasos, de risas, de tristezas, de poder, de ambición, de gratitud… Hay juegos, deportes, guerras, películas, –haciéndose y viéndose- cafés

–amigos hablando en ellos- sueños, gente durmiéndose en un lado del mundo, despertándose en el otro...

Imagínate una red con billones de foquitos encendiéndose y apagándose, como un cielo lleno de luces que, al mismo tiempo, se prenden y se apagan; foquitos en diferentes colores y tamaños.

Es imposible que pongas atención a todos los focos que ves, que sepas qué es lo que sucede con cada uno de ellos, que percibas de qué color encienden, a cuál cambias después, cómo crece y cómo se vuelve a hacer chiquito...

Supongamos que tú eres uno de esos focos que prende, brilla, se hace grande, vuelve a hacerse chiquito, cambia... cambias todo el tiempo y ese foco, es decir, ¡*Tú!,* te das cuenta de esto por cómo te reflejas en los focos que te rodean y que son como espejos para ti.

Entre el reflejo de ti mismo algo ves y algo percibes de lo que sucede con los otros foquitos que están a tu alrededor, pero ver y saber lo que está sucediendo con absolutamente todos esos billones de luces, es imposible.

Lee esto muy despacio y velo imaginando paso a paso, para que lo comprendas –recuerdes. Esto es una llave para soltar lo que te mueve a malinterpretar las situaciones o a las personas.

Un foco (una persona o un evento) llama tu atención y te das cuenta de los colores y cambios, pero esos cambios y colores los ves de acuerdo –todos son acuerdos- a lo que has aprendido que es el morado, el rojo, el azul… lo opaco y lo brillante, lo grande, lo pequeño… No es la verdad absoluta, es lo que tú alcanzas a ver y éste es el punto. A un foquito (alguien o algo) que llama tu atención lo interpretas según aprendiste a descifrar el mundo con tu MI, a partir de lo que creas tu verdad (relativa o virtual) y así vas creando tu propia historia del mundo. Creas tu sueño y, no es ni bueno ni malo, es sólo lo que tú ves de ese foco en específico y lo que ves de ti en los otros.

Y esos focos (nosotros y los eventos –los que suceden y los que generamos-) qué son en realidad… Luces encendiéndose y apagándose todo el tiempo y, si te alejas lo suficiente, vas a ver la verdad, te vas a dar cuenta, haz la imagen mental, imagínate a ti mismo parado frente a esos billones de foquitos, como frente a un cuadro. Observando esa danza de focos que encienden, que se apagan, que brillan y van de un lado a otro ¿lo ves? Fíjate bien ¡EXACTAMENTE! eso somos ¡LUZ! una sola fragmentada en millones, en billones de luces que cuentan historias pero una sola luz, en realidad somos luz y somos lo mismo ¿qué es ese cielo plagado de luces? Un juego que tiene reglas y que bien jugado –inteligentemente- es divertido ¡es maravilloso!

Tenemos millones de millones de acuerdos sobre lo que es bueno y malo, justo o no, acuerdos de lo que es el mundo, gracias a los que podemos "convivir", por eso tantas cosas las damos por sentadas como verdad, nacimos y así nos fueron explicando qué era, pero ¡atención!, todo es un acuerdo, a lo mejor lleva siglos tomándose como LA VERDAD, pero no pierdas de vista que en algún punto del tiempo alguien o un grupo de personas interpretaron un evento y le dieron ese significado y se asumió como que así era, lo cierto es que a todo lo que sucede y a cada persona ¡cada foco! puede interpretársele de mil formas distintas.

Cada evento o suceso puede ser interpretado desde muchos puntos de vista y entonces significar un sinnúmero de cosas y así generar las emociones más diversas, desde el amor al odio o desde la más grande felicidad hasta la más grande tristeza, cada ser humano elige su camino. Así, en el mundo, el que vivimos hoy y el que ha sido desde que el hombre es hombre, cada evento se ha interpretado a través del sistema de creencias de quienes en ese momento existían y esa interpretación dio paso a una acción que hoy es la historia de la humanidad. Todos esos eventos podrían haberse interpretado de otra manera y dar como resultado algo distinto, no sabremos si mejor o peor, sólo un resultado diferente.

Si piensas en la historia de nuestra raza y en nuestro presente, en las guerras, la pobreza extrema, el hambre, el terrorismo, las organizaciones políticas, el trato a la naturaleza, la industrialización desenfrenada, contaminación, extinción de tantas especies a manos del hombre puedes entender la importancia de tomar esta llave y utilizar tu poder ya. El hombre siempre está evolucionando y somos nosotros quienes, a través de nuestras elecciones, podemos hacer del camino que nos espera un sueño, una obra de arte con pequeños cambios que resultarán en un gran cambio para lo que hemos de vivir... Para tu vida en el que quien decide qué sucede eres tú y sólo tú.

Date cuenta de que Tú haces la verdad y así creas un sueño que *al final* llamarás: Lo que fue mi vida.

Deseo que sea un sueño, una vida maravillosa y que todas tus decisiones sean en el sentido de tu libertad, en control de tu poder personal y así en beneficio de quienes te rodean.

Entrevista con Miguel Ruiz
¿Cuáles son los 4 acuerdos?

Definitivamente la vida te llena de bendiciones –a veces disfrazadas- si tú decides abrir la puerta y escuchar el porqué de *tu estar aquí* y aún más emocionante el *para qué*. Mi maestro ha sido una de las mayores bendiciones en mi vida.

Miguel Ruiz ha vendido millones de libros *alrededor* del mundo, en casi todos los idiomas. En Estados Unidos es uno de los escritores mexicanos mayormente buscados, sus libros más exitosos son **Los 4 acuerdos** y **La Maestría del Amor.**

Algunos de sus más conocidos seguidores son Oprah Winfrey, Hillary Clinton y Will Smith y, aquí en México, Valentino Lanus y Alejandro Fernández. Para mí **los 4 acuerdos** han sido una herramienta fundamental para hacerme de una vida libre y feliz, **4 acuerdos** que suenan simples, para algunos hasta superficiales pero que, al practicarlos, el impacto es tan claro que estoy segura que después de leer esto tu vida será diferente.

Miguel es el ser vivo más espectacular que conozco y por eso me da tanto gusto poder compartir contigo esta entrevista, que fue más una plática, en su casa de San Diego, California...

Claudia (C): Miguel, Tú me has dicho que lo más importante con este libro es tocar el tema de la reputación, ¿por qué?

Miguel (M): Podemos decir que la reputación es esa imagen mental que creamos acerca de nosotros mismos y la utilizamos para auto enjuiciarnos, también, la utilizamos para enjuiciar a todas las personas que conocemos, de acuerdo, a lo que creemos de cómo deben ser, sentir y actuar los seres humanos y los distintos tipos de sociedad, y así hacemos la suposición de que todas las personas que nos conocen nos enjuician de la misma forma en que nosotros lo hacemos.

Ya sea que esa imagen sea de ganador o de perdedor, esto según la sociedad a la que perteneces, si no te gusta como te ve y te trata alguien o un grupo pues los rechazas, no los frecuentas, sin embargo si esa imagen no te complace a ti, vas a llegar al espejo y vas a odiar esa imagen, esa reputación, éste es el tema más importante, por una simple razón: hacerte consciente de esta información hace que prestes atención a que estás invirtiendo tu tiempo y tu energía en complacer la reputación que crees que deberías tener cuando no hay nada que hacer, eres perfecto el que eres y estos acuerdos te llevarán de la mano a darte cuenta…

 Sé impecable con tus palabras

M: La impecabilidad de la palabra parte del darte cuenta del cómo estás utilizándola. La palabra es el arma principal del artista…

C: Es su pincel, son sus colores…

M: Sí, si te das cuenta de que eres un artista y que por lo mismo tú estás creando tu propia historia, entonces, nunca utilizarías la palabra en contra tuya y el resultado va a ser una vida extraordinariamente bella, o sea, vas a ser feliz.

Vas a utilizar la palabra para poner el sentido común en cada acción, en cada pensamiento, en cada palabra en la cual estás describiendo tu propia vida.

C: Esto que acabas de decir –que es hermoso- compite directamente con un acuerdo que desafortunadamente se ha generalizado en el mundo entero, que la felicidad no es real, que no existe y que es inalcanzable.

M: Bueno, podemos decir que eso es tan real o irreal según como tú lo creas, depende de ti y de cómo utilizas la palabra, si la utilizas en contra tuya pues no vas a ser feliz, es obvio, pero si eres impecable con la palabra siempre vas a ser feliz.

C: Miguel ¿cuál es el significado exacto de éste, el primero y el más importante de los acuerdos: *Sé impecable con tu palabra?*

M: La impecabilidad viene de la palabra pecado y significa *sin pecado*. Al hablar de pecado no me refiero a ninguna religión, no tiene nada que ver con ninguna religión, podemos decir que pecado es todo aquello que hagas en contra tuya.

C: Y, lo mismo, hacer algo en contra de los demás es hacerlo en contra tuya.

M: ¡Claro que es en contra tuya! ¿Qué tal que vas e insultas a alguien que está mucho más grande y fuerte que tú? Bueno, pues ese alguien te va a golpear y eso sería el resultado *acción-reacción*. Estás utilizando la palabra para crear un conflicto en el cual lo único que vas a lograr es que tu cuerpo sufra.

Pecar es usar tus acciones en contra tuya, al decir tus acciones me refiero a hablar, a pensar y a cualquier acción que vaya en tu contra. Ser impecable es vivir tu vida sin pecado.

C: Pero a veces uno, sin querer, dice algo y lastima a otro y en tu intención no estaba lastimar ¿esto es no ser impecable?

M: Pues es que no es exactamente sin querer, lo hacemos de manera automática y lo hacemos porque aprendimos a hacerlo, porque nuestros padres lo hacían, así como nuestros maestros, nuestros hermanos mayores, la gente de nuestro alrededor lo hacía también y, tanto lo vimos, que comenzamos a hacerlo… y *la práctica hace al maestro*.

Muchas veces haces o dices cosas que parecen inocentes, sin embargo, cuando pongas en ellas toda tu atención te vas a dar cuenta de que no fue o es tan inocente; una cosa es que no te des cuenta de lo que estás haciendo y, otra muy diferente, es que sea inocente…

Por ejemplo el sarcasmo, puede ser que en tu familia hay tanto sarcasmo que aprendes a ser sarcástico/a también, entonces, supongamos que estás platicando con alguien que desde que lo conoces no te gusta, sin querer, empiezas a usar el sarcasmo con él y después vas a decir *¿y yo qué hice?, ¿por qué se ofendió? Si yo no hice nada,* la realidad es que no te diste cuenta.

C: Se trata de poner atención.

M: Exactamente, entonces **la impecabilidad de la palabra** es mucho más profundo de lo que parece, es la llave para vivir siempre en tu paraíso.

C: Cuando yo soy una persona impecable con mi palabra, que es lo que me lleva al paraíso, ¿cómo uso esa llave?

M: Eres tú mismo, tú misma, no hay nada afuera. Tenemos esa tendencia de ser felices de forma natural, sin embargo muchas veces la gente puede malinterpretar lo que tú dices y haces y puedes ser completamente inocente en lo que haces pero los demás pueden modificarlo en su apreciación, eso dependerá también de lo que ellos creen, y no tiene nada que ver contigo.

C: Creo, Miguel, que hablar también de la impecabilidad de la palabra es hablar de *decir y hacer eso que digo,* de ser congruentes.

M: Así es, y podemos decir también que ésta es la llave principal y que es lo único que necesitas, *ser impecable con tu palabra*, para tener una vida completamente feliz.

C: Otras situaciones en las que tampoco somos impecables con la palabra es cuando algo nos lastima y lo negamos, no queremos sentirnos vulnerables.

M: Vivimos en un mundo donde existen alrededor de seis billones de personas, hombres y mujeres y, la verdad, no sé exactamente cuántos idiomas se hablan en este planeta, pero sé que son muchos; y de algo estoy seguro, es imposible complacer a todos.

El sistema de símbolos –que es lo que es un idioma– cambia; el español por ejemplo, piensa en cuántos lo hablamos y más o menos nos entendemos pero, en realidad, tú vives en tu propio mundo, en tu propio sueño y difícilmente te entiendes con los demás; cuando te das cuenta de esto tomas la responsabilidad de que vives en tu propio sueño, de que cualquier cosa que hagas es sólo porque es tu punto de vista y no tiene nada que ver con ellos, pero también puedes entender que tienen su propio punto de vista y cualquier cosa que hagan no tiene nada que ver contigo.

Cuando tú hablas con la gente tú eres responsable de lo que estás diciendo, pero NO eres responsable de lo que ellos están entendiendo. De eso, ellos son responsables y tú no puedes tomar esta responsabilidad aunque después vengan y te digan: ...pero si tú dijiste... Incluso comienzan a enjuiciarte ¡y dónde está tu impecabilidad! La gente es así, sin embargo, como te digo, no puedes complacer a todo el mundo, difícilmente te puedes complacer a ti mismo si no te das cuenta, pero si sí te das cuenta ¡claro que SIEMPRE te vas a complacer!

C: ¿Cómo estar alerta, Miguel, para ser impecable con la palabra en mi día a día, con tanta prisa, las historias, lo que ya tengo en mi sistema de creencias, en mi máquina interpretadora?

M: Eso es muy simple, no te creas a ti mismo, no le creas a nadie más pero aprende a escuchar, aprende a escuchar lo que ellos dicen y lo que tú te estás diciendo a ti mismo. Si te das cuenta de esto no tienes para qué justificar nada, simplemente ES, no vas a tratar de ser algo que no eres, simplemente eres y lo aceptas, te aceptas y, si hay gente que no te acepta ese es su problema no el tuyo, y eso no quiere decir que seas irresponsable, todo lo contrario... Eres responsable, pero eres responsable primero de ti mismo porque la única persona que puede hacerte feliz eres tú mismo.

Nadie más te puede hacer feliz porque nadie sabe que está pasando realmente en tu cabeza, nadie conoce realmente tu obra de arte, sólo **TÚ** y es *tu* obra de arte.

C: Eso sería maravilloso, que yo supiera, pero ¿cómo sé que sí sé? ¿Cómo saber que lo que yo me estoy diciendo es verdad?

M: No te creas ni le creas a nadie más, pero aprende a escucharte, al final te vas a dar cuenta que todos los símbolos que aprendiste realmente no tienen validez; aunque sean una invención fenomenal, porque de esa forma podemos darnos a entender.

Entonces, te vas a dar cuenta de que todo lo que sabemos no son más que acuerdos y únicamente son verdad porque nosotros decimos que son verdad, por ejemplo, -señalando una silla- a eso le puedes llamar *silla* y cualquiera que hable español va a entender lo que es una silla, pero si habla sólo inglés no te va a entender, o si habla japonés o cualquier otro idioma, no te va a entender, todos aquellos que hablen español van a entenderte porque nos pusimos de acuerdo en que a esto que sirve para sentarte le llamamos *silla.*

Es igual con todo el conocimiento, nos pusimos de acuerdo y esto va en todas las direcciones, en las de la ciencia y las de la tecnología también.

C: Pero Miguel, si hay una verdad ¿cómo la puedo reconocer?

M: No te creas, no le creas a nadie, aprende a escuchar y, entonces, todos los símbolos van a perder su valor y lo único que queda es la verdad y la verdad no necesita que nadie la crea, simplemente existe pero, por el otro lado, todos los símbolos y todas las mentiras son verdad porque nosotros las creemos. Eso es *silla* porque los que hablamos español nos pusimos de acuerdo, pero eso no es verdad para el que habla inglés, ruso, japonés, tailandés u otro idioma. Sólo es verdad para los que hablamos español, pero pon atención, si te despiertas en Tailandia y caminas en las calles vas a escuchar a mucha gente hablando, vas a ver muchas gráficas en las calles y no vas a entender nada porque tú no te pusiste de acuerdo con esa gente, es como otro mundo para ti, sin embargo son seres humanos, son como tú; ellos existen y, eso, es verdad, entonces ves la *silla* y no sabes como llamarle, pero te sientas en ella y ahí está la verdad.

El nombre es lo que no es verdad, el símbolo es lo que no es verdad, lo que nosotros creemos es lo que no es verdad; el perro no sabe que es un perro, ni idea se da de eso; el gato no sabe que es un gato pero nosotros nos pusimos de acuerdo y les llamamos perro, gato, igual a los otros animales, al caballo... y así los reconocemos nosotros pero a ellos no les importa.

Si a un caballo le dices: -*Oye tú, gato*- no va a responder, no le importa, sin embargo si a un hermano le dices: *Oye tú, perro*- va a responder: -*¡Ey!, yo no soy perro*- probablemente se ofenda o se ría, depende de qué punto de vista tenga; para unos va a ser trágico, para otros cómico, son puntos de vista.

Si en un momento dado te das cuenta que los idiomas son símbolos, que son verdad únicamente porque nosotros creemos que son verdad, quitas todo eso, lo haces a un lado y, ¿qué queda?... La verdad.

C: Y lo mismo sucede con nuestra obra de arte –nuestra vida- porque atiende a nuestra necesidad de expresar luz, de expresar amor –que es lo que somos- y, que aunque ya definiéndolo, sea una verdad relativa, lo sabemos porque lo sentimos. ¿Cuál es la energía que tiene la palabra para que con ella hagamos y deshagamos como lo hemos platicado?

M: La energía de la palabra es la fuerza de nuestra creencia y, a esta fuerza, podemos llamarle FE, también podemos llamarle INTENTO o, inclusive, podemos llamarle AMOR, y no el amor como un símbolo, sino como el primer símbolo que creamos: El amor es como la luz, la luz blanca, la luz es el conjunto de todos los colores, el conjunto de todas las emociones, *todas,* desde el temor más horrible o el odio, hasta la más intensa felicidad pasando por muchas emociones para las que no tenemos nombre y, todas juntas, son el amor o por lo menos lo que nosotros pretendemos que es el amor. ¡Claro que podemos ver que el amor está distorsionado! Porque, según los puntos de vista de cada ser humano, cada uno le dará una interpretación distinta y va a tratar de explicarlo y justificarlo, así es que si no queremos llamarle AMOR, le llamamos INTENTO o FE, pero es la fuerza de nuestra creencia y, entonces, al ponernos de acuerdo, invertimos esa fuerza de nuestra creencia en cada uno de esos símbolos, en cada sonido, en cada letra, en cada palabra, en cada concepto y ¡lo creemos! Todos los conceptos que aprendimos los creemos, todo entra en el sistema de creencias y nos sentimos completos con eso.

Tenemos la necesidad de saber y, no importa si lo que sabemos es verdad o no, simplemente saberlo no da paz, decir *lo entiendo* nos da paz aunque no sea verdad. Hace 600 o 700 años todos creían que la Tierra era plana, se explicaba que era plana y que tenía unos elefantes debajo cargándola, y eso nos hacía sentir a salvo exclamando: -¡Ah! *Yo sé que la Tierra es plana*- y después se descubrió que no era cierto.

Hoy la mentira más grande entre los seres humanos es decir que nadie es perfecto, y eso lo oímos desde niños y, entonces, empezamos a buscar la perfección, y en las explicaciones que nos dan nos ponen un universo que es perfecto: las estrellas son perfectas, el sol es perfecto, los planetas son perfectos, inclusive, dicen, la mano es perfecta, el corazón es perfecto, todo es perfecto; pero en cuanto se trata de seres humanos nadie es perfecto; si es que crees en Dios y que Él creó perfección, ¿cómo te explicas la existencia de un ser humano que es imperfecto ¿es realmente imperfecto el ser humano? ¡No! Es una mentira, todos los seres humanos somos perfectos, lo demás no son más que opiniones.

Un ser humano con retraso mental es perfecto, si nació sin un dedo o brazo es perfecto, somos seis billones de seres humanos y cada uno de nosotros vivimos en nuestro propio mundo, en nuestro propio sueño y todos somos distintos, aunque nos parezcamos somos distintos, somos **ÚNICOS** y nadie nos va a reemplazar. Cualquiera que venga después de nosotros va a ser distinto, no va a haber jamás nadie idéntico a ti, eres único y, de la única forma que puedes ser feliz, es con la *impecabilidad de la palabra*.

Y no basta únicamente decir *somos perfectos,* es saber que somos perfectos. Sólo la perfección existe, decir que no somos perfectos es no darnos cuenta, es no saber, es lo mismo que decir que la Tierra es plana o que únicamente el 5% de la capacidad cerebral trabaja. ¿Cómo vas a decir que tan sólo el 5% del hígado está trabajando? Está trabajando por completo aunque nosotros no nos demos cuenta de que está trabajando.

C: Hay gente que padece enfermedades y algún órgano trabajará en un porcentaje distinto…

M: Y es perfecto. Entra un virus y destruye un hígado, es perfecto, el virus es perfecto y nosotros somos perfectos, también es una interacción perfecta, la enfermedad es perfecta, la muerte es perfecta, todo lo es, imagínate que no murieras…

C: Cambiar de estado…

M: Después de 200 o 300 años si no te mueres ¿cómo te vas a ver? Imagínate vivir 300 años, no creo que nadie quiera hacer eso. La muerte es perfecta, nos reemplazamos…

C: Nos renovamos.

M: ¡Claro! Hay nuevos humanos que siguen nuestros pasos y siguen creciendo y creciendo…

C: La evolución es la que no se detiene…

M: La evolución va en todas direcciones, los seres humanos en una sola, pero resultan billones de direcciones. Los seres humanos somos muy nuevos en este planeta, es muy reciente la existencia del ser humano en la Tierra o, cuando menos, eso es lo que nos dicen y es lo que creemos: sin embargo, si eso no fuera cierto, no nos afecta en nada. ¿Qué importa si tenemos cinco millones aquí o 20 o 100?, ¿en qué nos va a afectar? Estamos aquí y esa, es la verdad.

Mucha gente me pregunta: *-Oye Miguel ¿qué eres?-* La verdad es que no sé lo que soy y no me importa saber lo que soy pero SOY y aquí estoy, y estoy vivo, estoy ocupando un lugar en el espacio y esa es la verdad.

C: Y todos los demás son acuerdos…

M: Son acuerdos, y ya que te das cuenta de que vives en tu propia mente, en tu propio sueño, el segundo acuerdo es muy lógico:

 No te tomes nada personal

M: Eso te da inmunidad en la interacción que tienes con el resto de las seis billones de personas que viven contigo.

C: No te pueden tocar…

M: Te da inmunidad, *no lo tomes personal*, ellos viven en su propio mundo y lo que piensan de ti es la manera en que te perciben y esa imagen tuya vive en su mente, pero no quiere decir que eso seas tú, e igual te das cuenta de que la gente que tú más amas vive en tu mente y, en tu mente, tú puedes decir que los conoces muy bien, sin embargo lo que conoces bien es su imagen que vive en tu mente.

C: Y esa, la creaste tú.

M: Exactamente y, la verdad, es que tú no los conoces, lo que conoces a la perfección es la imagen de tu mente.

C: A partir de esa imagen damos nuestros puntos de vista de los demás y ellos de nosotros igual, por lo tanto, no puedes tomarlo personal, es lo que tú me dices, Miguel, que imagine un complejo de cines infinito con billones de salas exhibiendo películas simultáneamente donde en cada una nada más hay una sola persona viendo cada película que, en realidad, es la película de su vida, y que uno puede elegir ser el protagonista, guionista y director de esa que es su película o no. Tú puedes elegir escribirla de acuerdo a lo que tú quieres o puedes ir escuchando lo que otros digan de tu película, tomándolo personal y desperdiciando en eso tu energía. Y además, no puedes tomarlo personal porque no sabes que está pasando el que te está dando su punto de vista, mismo que, obviamente, se verá afectado por su propio momento... Si fue un mal día por ejemplo...

M: Así es, ahora ya puedes llegar al siguiente acuerdo...

No hagas suposiciones

M: El tercero de los acuerdos te va a dar inmunidad en el trato que tienes contigo mismo.

Cuando supones estás haciendo un drama en tu cabeza y no sabes si es verdad o no. Escuchas palabras, te imaginas lo que probablemente ya sucedió, lo que están diciendo de ti, tantas y tantas cosas que puedes imaginarte y, cuando llega la verdad, todo eso se disipa y te das cuenta de que sólo te estabas torturando a ti mismo. Al no hacer suposiciones creas una inmunidad en el trato que tienes contigo mismo, no te creas, aprende a escuchar pero no te lo creas.

C: ¿Cómo me sorprendo a mí mismo cuando estoy haciendo una suposición?

M: Dándote cuenta de que no son más que mentiras lo que te estás diciendo y no creerlas, al no creer las mentiras ese poder de la creencia que pusiste en esas mentiras, ese poder de la creencia que les diste, regresa a ti cuando ya no las crees.

C: Es energía que no desperdicias en suposiciones…

M: No la desperdicias, te hace más FUERTE y más y más y más FUERTE.

C: Entonces, la importancia de este acuerdo es que no desperdicies tu energía en suposiciones y la conserves para crear ese sueño maravilloso que tienes para tu vida.

M: Recuperas todo lo que invertiste en mentiras. Podemos darnos cuenta que estos primeros tres acuerdos parecen muy difíciles y, aunque realmente no lo son, lo parecen; pero el cuarto acuerdo es fácil, ese TODOS lo pueden hacer:

 Haz lo mejor que puedas

M: Esto, en realidad, es lo único que puedes hacer: *Lo mejor que puedas.* No es que a veces des tu 80% y a veces tu 20%, siempre estás haciendo todo lo que puedes, tu 100% pero no te das cuenta y, recuerda, la práctica hace al maestro y depende de qué es lo que estés practicando la clase de maestro que vas a ser.

Al **hacer lo mejor que puedas** estás modificándote, estás transformándote.

C: Al ser consciente de que lo haces…

M: Exactamente, al darte cuenta. La maestría del artista abarca tres maestrías a su vez, la primera es **la maestría del darse cuenta.***

---

* Nota del autor. Hay un capítulo dedicado a esta Maestría más adelante.

C: Para darte cuenta tienes que dejar de creerte primero.

M: Exactamente, de creerte y de creerles, darte cuenta.

La segunda es **la maestría de la transformación**, que la ves claramente en el cuarto acuerdo: **haz lo mejor que puedas.**

C: Y date cuenta de que lo haces...

M: Sí, te estás transformando y, aunque no quieras, siempre te estás transformando, nunca eres el mismo, de un momento a otro ya no eres el mismo. Imagínate cuando tenías seis o siete años y veías tu manita, cinco años después ves tu mano también, 50 años después también ves tu mano, ¿te fijas en la transformación?

C: Sí, es imparable y eso es verdad.

M: Exactamente, eso es verdad. La forma como veías el mundo cuando tenías diez años es por completo diferente a la forma en que lo veías a los trece o catorce años y muy distinto a cuando tienes 17 o 18.

Tú has cambiado y el mundo cambia como tú, siempre se está transformando, es un ser vivo como tú ¿cómo ha crecido tu ciudad desde que eras niño?

C: Y ni para bien ni para mal, sólo cambia...

M: Sólo está cambiando y esa es la verdad, ¿para bien o para mal? Ya es una interpretación de cómo estamos utilizando la simbología, los símbolos.

C: En cada pensamiento e interpretación y, en cada palabra, hay energía; en qué la depositas o dónde la inviertes es tu decisión.

M: Y eso te lleva a la tercera maestría del artista –artista o tolteca es lo mismo- y esa es **la maestría del intento** o **la maestría de la fe.** Es el darte cuenta de ese poder que tienes, de ese poder de la creencia. El poder de la creencia funciona así: *mientras menos creas, el poder de la creencia es más potente, es más fuerte.*

C: Entre más cosas creas –pensamientos y demás- es como si a tu energía, a tu poder, le colgaras esos animales que succionan la sangre, sanguijuelas que te van chupando la energía; entonces tu intento se merma con cosas que crees, dejas de creer cosas, tu intento crece y tu poder crece. Al dejar de creer en todos los pensamientos que cruzan por tu cabeza o en lo que los otros dicen, dejas de darles tu energía, y es así que la conservas para depositarla en tus sueños, conservas tu poder de hacer, de crear en conciencia.

M: También podemos decir que es el poder del amor, te das cuenta y amas todo, *-esto es maravilloso-* ¿cómo no lo vas a amar? Y no es nada personal, amas no porque la persona es lo mejor o lo peor, amas porque está saliendo de ti.

C: Es tu naturaleza.

M: Exactamente, es tu palabra. Inclusive no necesitas decirlo ¡pero se oye bonito! No hay nada como el amor o el intento o la fe. Te preguntarás ¿fe en qué? Pues en ti mismo, en qué o quién más. Sabes que eres real y lo único que estás haciendo es copiar lo que ya existe y esa es nuestra creación, una copia idéntica de lo que ya existe, de la verdad. Al expresar nuestro punto de vista no nos queda otra que utilizar el lenguaje que ya aprendimos, con todas sus limitaciones, y que es suficiente para que otros lo entiendan, con todo y sus malas interpretaciones, y ya sabes que tú eres sólo responsable de lo que tú dices, porque estás expresando tu verdad desde tu punto de vista particular y eso, lo creas o no, va a modificar al resto de la gente.

C: ¿Es como hacer magia?

M: Es magia pura y la prueba es simple: Los 4 Acuerdos se ha traducido a más de 36 idiomas, el significado es el mismo.

C: Porque los 4 acuerdos atienden a nuestra naturaleza, a nuestra verdad.

M: Porque es una copia de la integridad humana que habla a todos los seres humanos, desde el más inteligente hasta el menos inteligente, alcanza a todos. Es una guía que te lleva hacia ti mismo, hacia tu propia integridad.

C: Gracias, Miguel, por compartir estos momentos, estas palabras, mi deseo es que quién lo lea sienta la bendición que hoy tengo yo de sentarme en esta sala a platicar contigo y que sientan que han sido ellos quienes se sentaron aquí.

 Que tú que lo has leído lo sientas así

El sexo

Estamos expuestos al sexo constantemente pero, no es sólo un estímulo externo, nuestros instintos sexuales comienzan desde muy temprana edad.

El sexo nos acompaña en formas distintas y éstas dependen directamente de nuestro sistema de creencias (MI) y como éste va cambiando. Y es que, de acuerdo a lo vivido, interpretamos nuestros deseos sexuales.

Somos todos -sin importar religión, nacionalidad, época y género- seres sexuales y, al asumirlo, a tu MI le será más difícil hacerte sentir mal por la forma en la que abordas o abordarás tu sexualidad.

Piensa un poco en esta pregunta: ¿La forma en que vives tu sexualidad es tu decisión? Depende del lugar, de la época en que naciste, de la religión o del camino espiritual en el que te criaron, de los eventos (focos) en los que pusiste tu atención y en cómo hallas elegido que te impacten y, por lo tanto, forjarán tu carácter y tu personalidad ¿Qué si tú lo has escogido? Sí.

Sólo tú lo has elegido, tú decides y decidirás, puedes ser consciente o no de esto, puedes saberlo o no, pero eso no cambia que así sea, que así es.

Cuando se habla de sexo todos nos ponemos nerviosos, y está padre eso, le da emoción y es emocionante ¿no? Y no tienes que haberlo probado para estar o no de acuerdo, eso es lo más importante. La sexualidad no se vive a partir de ser activo, de comenzar a tener relaciones sexuales ¡para nada! Estamos en ello una vez que ese instinto despierta y quedamos conectados siempre a esa parte de nuestro ser.

Todo el tiempo estamos relacionándonos con nuestra sexualidad, conversando con ella, -metafóricamente ¡claro!- y es que, sí, piénsalo, ¡le hablamos, la reprimimos, la regañamos, la felicitamos!, la saludamos a diario y esto es lo más normal.

Entre más naturalmente te relaciones con esta parte importantísima de tu existencia más sanas serán tus relaciones, primero contigo mismo y después con todos los demás.

No se trata de hacer de tu sexualidad una fiesta a la que todos estén invitados, se trata de celebrarla en privado entre tú y ella y, entonces, invitar por primera vez a quien, muy bien pensado, será el mejor de los invitados posibles y así ser cuidadosa, cuidadoso, de este regalo. No es que se gaste, no es por cumplir con lo que debe ser, es darle el lugar que tiene, el **importantísimo** lugar que ocupa; así mismo, como un espejo, sentirás que la imagen que te regala tu sexualidad de ti mismo es especial.

Es tan importante la forma en que se relacionan tú y ella que puede ser tu cómplice y crear ensueño digno de película o una pesadilla incontable.

Muchas personas, más de las que imagines en ese cielo lleno de focos, han vivido experiencias que los han hecho opacarse; tal vez tú, y yo misma, con cosas relacionadas a nuestra sexualidad que nos han enseñado que no deberían suceder y pasan, nos pasan... violaciones, abusos, infidelidades, abandono... Nada de esto, ninguna de estas agresiones son personales –recuerda el segundo de los cuatro acuerdos: *no te tomes nada personal*- nada lo es y aparece aquí no por casualidad.

Aparece porque hemos tejido una historia en la que mucho del dolor que generan las creencias con las que nos educaron y que le han dado sentido a las vidas que vivimos y a los sueños que creamos, parten del dolor sexual, del daño que –perfectamente bien argumentado- nos han hecho padecer y que de alguna forma –una vez más, la que cada quien elija- tenemos que digerir.

Opciones para andar en cualquiera de los millones de caminos posibles sobran, una vez que conoces tu sistema de creencias, tu máquina interpretadora, sabrás que va a dar un significado a lo ocurrido y que va a reaccionar al respecto. Ésta es tu oportunidad y siempre la tienes, tú dices, tú eliges cómo vas a interpretar las cosas que te han ocurrido, las que te han de ocurrir, las que suceden en el mundo en los diferentes países, en culturas que ancestralmente han celebrado rituales a los que, de acuerdo a nuestras creencias, sentimos desde extraños, raros y fantásticos hasta insanos, inhumanos o asquerosos.

Podemos ignorarlo pero mantenerlo latente dando vuelta en nuestro sistema e, incluso, sentirnos mal por no hacer nada. Podemos hacer algo por la fuerza o podemos empezar por nosotros mismos, por nuestro propio sueño, por cómo interpretamos *los hechos*. Admiramos a los héroes que, tras el fracaso, encontraron fuerza para salir adelante, mirar de frente y seguir creyendo. Creo que todos somos héroes –cada uno el héroe de su propia película- y que podemos convertirnos en soñadores expertos que *crean* a partir de cualquier situación, a veces, aun, desde la más desventajosa.

¿Por qué creo esto que te digo? Porque lo he vivido, porque sé que es posible levantar la cabeza y seguir andando, porque a quienes me han *lastimado* les quité la máscara del verdugo y les aprendí a agradecer como maestros.

El sexo… casi siempre pensamos en él, cosa que se da, seamos sinceros, muchas veces al día, lo hacemos con un aire prohibido alrededor, es un tema tabú, uno de estos tópicos que no abordamos libremente aunque lo hagamos con frecuencia, porque sí es cierto, hablamos mucho de sexo, pero ¿cómo lo hacemos? ¿Qué hay en él que lo hace lejano y misterioso? ¿Qué hay más bien en la forma como nos han educado para que sea así? Podría ser sólo eso o podría ser divino. Como en todo, tú tomas la decisión de lo que será en tu vida. Pueden haberte ocurrido sucesos que le quitaron ese sentido positivo, sin embargo puedes regresarle su poder con la sola elección de hacerlo, prestando atención.

Antiguas culturas han utilizado el sexo para conectar con la divinidad, cuando lo tomes así, podrás tocar el cielo. Metafóricamente, por supuesto, pero al experimentarlo no podrás dudar más que lo que ves y lo que sientes no es lo único, qué hay algo más, algo que tú mismo vas a definir porque es tu sueño.

El sexo, como cada cosa en la vida, es una elección y, por supuesto, como cada elección tiene consecuencias. Es cierto que hoy y siempre puedes elegir desde cero, es una decisión tuya, está en tu MI.

Tomar decisiones que hagan de tu vida una obra de arte, el más maravilloso de los sueños, está en ti y tienes la ventaja de la información. Hoy día puedes acceder a ella mucho más fácil que en ninguna otra época y no hablo sólo del Internet. Usa todas las herramientas que tengas a tu favor, piensa antes de decidir cuál será tu momento... Tómate tu tiempo para hacer tu elección y, cuando lo decidas, hazlo con toda la información en la mano, con toda la honestidad en el corazón y con toda la libertad que te pertenece en el alma.

Las drogas

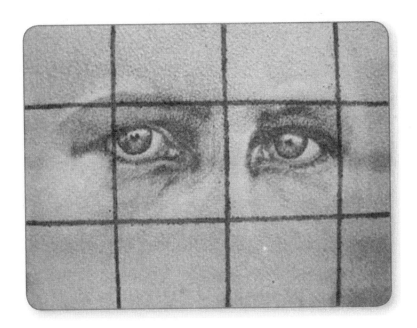

Las drogas toman control sobre tu persona porque tienen la capacidad de bloquear tus alarmas. Pierdes toda inhibición y, aunque su efecto será distinto dependiendo del tipo de droga, estamos hablando, en principio, de que todas te dan una satisfacción, sabes cuál quieres y de entrada la tienes.

Las drogas exaltan tus sentidos. Si tu cuerpo fuera un coche serían como un aceite especial que te permite forzar la máquina pero, aunque de momento obtengas más velocidad, no dejas de estarlo forzando y esto tiene consecuencias por obvias razones. Si fuerzas la máquina de un coche, de una u otra forma, la dañas. ¿A qué nivel?

¿En qué grado? Se relaciona directamente con qué aceite –droga- le metes y entonces sabrás qué tanto puedes forzar esa máquina.

Siguiendo con el ejemplo... Le metes el aceite porque, supongamos, lo que quieres es llegar antes a algún lugar, lo logras, pero cuando llegas el coche ya se dañó. Aquí es donde tú decides, ¿quieres llegar antes? Puedes, ¿el costo? Es la máquina de tu coche y es posible que el coche entero esté dañado porque si fuerzas la máquina lo truenas y ya no va a funcionar. No pierdas de vista que el coche es tu cuerpo.

¿Qué otras cosas son comunes cuando una persona está bajo la influencia de las drogas? Puedes chocar un auto y así, o de otra forma, matar o violar a alguien. Afectar negativamente la vida de otro ser sin que ese sea tu verdadero deseo. Y, aunque más adelante vamos a abordar a fondo el tema de las relaciones, creo que aquí se vale aclarar algo: cuando dañamos a otros es bien común que para defendernos utilicemos este disfraz: *-A mí los otros no me importan, me da lo mismo quien se ponga enfrente, yo no me detengo ni a ver, ni a pensar en ellos, voy por lo que quiero y no necesito a nadie...* Piénsalo bien, ¿a nadie? Para existir has necesitado de tanta gente que sólo tú me podrías decir de quienes... Tú lo sabes.

De esta parte del libro hasta el capítulo de las relaciones es posible que insistas en que tú no necesitas de nadie, entonces, ¿las drogas son necesarias? Si tú no necesitas a nadie ¿necesitas de algo? Tú dime.

Ahora déjame que te diga: El cuerpo humano, una máquina increíble que te provee de todo, posee la capacidad de generar los químicos y las hormonas que pueden alterar tu estado de conciencia –el mismo efecto que obtienes de las drogas- y generar así esa sensación de placer o de paz, de seguridad, de libertad, de energía, de lo que una droga genera pero, al ser el camino de tu organismo y al ser completamente natural, *más que la marihuana*, sí, ¡mucho más! No tiene efectos secundarios.

Éste, EL CAMINO DE TU CUERPO, necesita de tus capacidades al 100 %, no se mezcla con sustancias externas... Lo siento, es 100% natural, pero te puedo asegurar que es 100% efectivo.

Tú te puedes volver un maestro en el arte de EL CAMINO DE TU CUERPO y así obtener todo lo que desees de tu propio sistema. Este camino tiene muchas formas, senderos distintos y todos involucran a la meditación.

Los químicos que secretas cuando meditas son los que activas cuando te drogas, tus pensamientos también generan secreción de sustancias y éstas generan sensaciones, lo que comes, el ejercicio, el yoga, la hiperventilación* también.

---

*Aumento de la frecuencia y la intensidad respiratorias que produce un exceso de oxígeno en la sangre (Real Academia Española©), lo que produce una sensación de mayor energía.

Es entonces una cuestión de actitud y es, por lo tanto, completamente tu decisión, ¡claro! aquí necesitas contar contigo para obtener estos resultados ¿el beneficio? No hay efectos secundarios y con las sustancias externas sí. Hablemos de esto, es importante que, si decides usar drogas, sepas de sus efectos ¿no? Porque no se vale decir: ¡*Uy no, pues es que yo no sabía!* Ya estamos *grandecitos* y la verdad es que con el acceso a Internet, tan a la mano, puedes conocer todo lo relacionado a cualquier tema que te venga a la cabeza, y las drogas sí que son un tema ya que están en todos lados, ¡cómo no lo estarían si son un extraordinario negocio! Es muchísima la gente que recibe ingresos por su venta, sí, son muchos los que se drogan y muchos también los que se manifiestan en contra de ellas pero las usan.

Formamos parte de una sociedad muy hipócrita donde la doble moral, es decir, prohibir y hacer esto que se prohibió, es común y, nada de esto, tiene nada de malo, aunque tampoco de bueno, *es, sucede* y, sin juzgarlo, hay que tenerlo claro para poder tomar una decisión sin confusiones.

En este caso la decisión de usar o no drogas debe ser completamente tuya pero, para estar de acuerdo con el resultado, debes saber qué pasara cuando las uses, dónde y con quién lo haces y, lo más importante, por qué lo haces.

Imagínate que estás en una competencia de caballos donde sólo son dos los que compiten: el blanco y el negro. El blanco trae la pata rota, nadie dice que está rota pero es obvio porque le sangra. Trae un trapo amarrado intentando cubrir la herida y se le dobla, sin embargo ahí está listo para la carrera. ¡Aja!, el negro es fuerte, musculoso y está sano. ¿A qué caballo le quieres poner tu dinero? ¿Por cuál vas a apostar? Tú dices, tú eres el que decide, nadie más, es tu dinero y tú decides... Al blanco o al negro.

Aquí hay un caballo perdedor y nadie lo dice pero todos lo vemos, lo mismo pasa con las drogas, es obvio, por referencias sabes que si el caballo blanco cojea y el negro está musculoso uno de los dos es el ganador y es lógico.

Así mismo, por referencia, sabes cuál es el camino que más te conviene, pero al mismo tiempo sólo tú decides cuál tomar y, con toda honestidad, te decimos que los dos caballos son una apuesta viable y se vale meterle el dinero a cualquiera, todo depende del resultado que deseas obtener. No significa nada, no pasa nada, sólo es un camino, es una opción, tu opción. La belleza de la vida tiene gran relación con el hecho de que cada quien decide qué camino toma.

Aunque en lo general nuestro mundo es *inconsecuente* nada de lo que hacemos nos separa de la luz, porque eso somos en realidad. En lo particular las consecuencias son los sucesos que se derivan a partir de nuestras decisiones, entonces, al ser éstas muy obvias, porque se repiten todo el tiempo, casi puedes adivinar el futuro y saber qué va a pasar si apuestas por el caballo blanco o por el negro.

No falta el que o la que cree que puede poner su apuesta al caballo blanco y que es más inteligente que todos los demás porque va a ganar muchísimo dinero ya que todos se van a ir por el negro y, a la mitad de la carrera, el blanco, que está haciendo su mayor esfuerzo, pierde el control por el dolor y su pata se dobla por completo, cae hacia delante y no puede dejar de gemir por el dolor. ¿Es esto una sorpresa? ¡No! No para nosotros, y para ti, ¿es esto una sorpresa? ¿Creías que el blanco podía ganar?

Todo se vale, sin embargo predecir el futuro es fácil, muy fácil, ve a tu alrededor, date una vuelta, pregunta, investiga, lee un poco y decide. Nuevamente lo que decidas será y, en realidad, nada está bien o mal. Las cosas son, sin significado, sólo son y el evento siguiente es y sólo eso, pero por supuesto es, como resultado del anterior y, te guste o no, te satisfaga o no, tú lo escogiste.

¿Qué tienen las drogas que son tan populares? Empecemos por su efecto, sea el que sea el resultado de la que hablemos –marihuana, cocaína, éxtasis, crack, heroína, piedra, hachís, LSD, ácidos, mona, papel, peyote-

el efecto inmediato no es malo. El estado de conciencia alterado que te genera puede hacer que te sientas más valiente, más fuerte, que puedas hablar con todos, que puedas desinhibirte o que te relaje, que te distraiga de tus *problemas*, que alucines y que otras dimensiones se abran ante tus ojos y veas colores y escuches cosas que nunca habías visto o escuchado. Todo esto en principio, ¿y después?... cuando el momento se va... ¿No te parece que es una inversión en una empresa quebrada o como presentar exámenes en una escuela que no existe?

¿Cómo lo vive alguien que ha pasado por esto? Ésta es una colaboración, que agradezco infinitamente, por lo que significa para mí presentarte todas las caras de la moneda...

Testimonio:

Soy Leopoldo y tengo 24 años. Mi experiencia fue muy intensa, sí, sin embargo empezó poco a poco. Creo que llegamos a cierta edad en la cual somos mucho más vulnerables a cualquier situación negativa o positiva que se presente en nuestras vidas. En mi caso fue la separación de mis padres. Nuestro nivel de conciencia no mide las consecuencias de los efectos que podemos causarle a nuestro cuerpo después de un tiempo de estar

consumiendo drogas como puede ser la destrucción de neuronas, del sistema nervioso inmunológico, respiratorio, de senos paranasales –cuando consumes cocaína- y también, y mucho peor, la destrucción masiva de tu paz emocional y sentimental.

*Cuando llega la **invitación**, de cualquier amigo o conocido que lo haga, tienes que saber muy bien lo que quieres para decir:* **NO***. Yo, después de tanta insistencia de **un amigo**, accedí, sin pensarlo, a destruir mi vida.*

*Depende de cada experiencia e influencia el tipo de droga que escogemos para nuestro "**bienestar**"... Están las que te levantan como la cocaína, la piedra, las tachas, los poppers, special k, (ketamina, anestesia para gatos) el método cristal y las drogas que te dan para abajo, que te alejan de la realidad y que de hecho se usan para olvidarla como el cemento, el pegamento, la heroína, la morfina, la marihuana, el hachís, el éter, los ansiolíticos, los antidepresivos y los somníferos.*

*Todas crean, al instante, cuando liberan químicos en nuestro cuerpo que al mismo tiempo matan neuronas, una sensación ficticia la cual levanta nuestro estado de ánimo, el que seguramente andaba por los suelos. Después de un tiempo y, darnos cuenta, las drogas y aquellas "**amistades**" que nos acompañan al consumirlas se vuelven parte de nuestras vidas y de nuestros días; de nuestra "verdad". Las noches se alargan y, poco a poco,* nos empieza a gustar menos el sol; de hecho a veces perdemos la noción del tiempo y los días pasan sin darnos cuenta. La ansiedad se acumula, se oculta como un monstruo que alimentamos cada vez más, listo para atacarnos con toda su fuerza y al que, mientras más le damos de comer, más fuerte lo hacemos.

Cuando nuestros familiares, amigos o conocidos se dan cuenta y tratan de ayudarnos, la primera reacción es la negación; negar absolutamente todo lo que estamos consumiendo, ocultando cada vez más, en nuestro ser, nuestra adicción. Y después viene la depresión; yo me imaginaba a mí mismo parado sobre arena con un objeto pesado en las manos y cada vez que consumía droga era como si lo aventara y lo cachara enterrándome más y más. Es como estar en un hoyo y entre más droga consumes mayores son tus **bajones**. ¿No te volverías loco si estuvieras encerrado en un hoyo? La salida existe pero solo nunca vas a poder salir. La locura es la parte extrema de este tema, sin embargo está ahí, latente, es el borde y, en cualquier momento, podrías tocarlo. Yo pude salir de la mano con mi familia. Hoy tengo una empresa a la que le va muy bien pero no creas que es fácil. No he vuelto a hacerlo, pero continuamente tengo ataques de ansiedad.

De verdad, creo que lo mejor habría sido decir: **NO**, es por eso que acepté dejar mi testimonio en este libro… para ti.

Este testimonio, al igual que tu experiencia, es una elección. Es por eso que antes de tomar una decisión, sea la que sea, será inteligente que pienses en las consecuencias y te olvides del tan tonto: *Sí, ya sé, pero a mí nunca me va a pasar.* Atiende a la realidad, no te creas y no le creas a los que te venden sueños porque el único responsable de tu bienestar, de hacer un sueño, de hacer una obra maestra de tu vida, eres tú mismo.

El único que puede hacerte feliz eres tú, no otra persona, ni alguna sustancia, porque por más placer momentáneo que sientas que te genera, es pasajero y el precio es muy alto y lo has visto, lo sabes. Eso es verdad.

Los antros

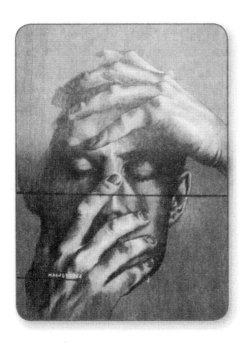

Si buscas la etapa de tu vida en la que eres más libre, con casi 100% de certeza, puedo asegurar que va a ser tu niñez y es que los niños nos damos la libertad de ser lo que queramos, lo que soñamos, de darle vuelo a la imaginación, de reír sin mucho prejuicio, sin pensar mucho en cómo nos vemos o qué pensarán los de alrededor.

Cuando vas a bailar, sumado a las muchas cosas que buscas y con las que te encuentras, mismas que vamos a abordar una a una con causas y efectos, estás buscando un espacio para reencontrarte con ese lado en el que nada alrededor importa y, por unas horas, vas a poder ser sin que nadie te vea o te vean como eres en verdad, de acuerdo a la verdad que te has contado de ti mismo y que, seguramente, no termina de gustarte.

Nunca te has preguntado ¿por qué la luz en estos lugares es casi nula y la música es tan alta? Es una vía directa a la desconexión entre tú y tu realidad y, si le sumas el alcohol y, en algunos casos las drogas, ahí está: ¡Una puerta de salida! Rápida y eficaz ¿real?, ¿duradera? No, ¿segura? depende ¿de qué?, ¿de quién? De ti.

Honestamente yo adoro ir a bailar y divertirme con mis amigos y, hay momentos en mi vida, en los que lo necesito más, hasta que recuerdo que lo que en realidad busco no lo voy a encontrar huyendo a un hoyo negro. Tal vez sea un refugio momentáneo, pero no pasa de ser eso. Si de verdad quiero sentirme libre el camino es otro y lo recuerdo y, entonces, voy distinta y lo paso igual de increíble y bailo igual, como una niña, bailo como si nadie me estuviera viendo, así dejo de *necesitar* hacerlo y sólo *quiero* hacerlo y eso cambia todo, comenzando por la cantidad de veces que salgo a bailar.

En algún momento de mi vida podía salir a bailar cuatro veces a la semana, y eso me quitaba energía para hacer otras cosas en el día porque estaba cansada y, en serio que me divierte salir pero creo que el balance hace la diferencia y lo disfruto más si lo hago menos.

Si algo en mi vida no va como yo quisiera no cambia por muchas veces que vaya a un antro y, es que aunque me lo hubiera pasado de lo mejor, al día siguiente todo sigue igual o peor.

En los antros generalmente consumes alcohol y eso te relaja, pero ¿cuánto consumes? ¿Hasta qué punto te separas de la realidad y pierdes el control?

Digamos que hay cosas en tu vida que no te están gustando, cosas en la escuela, en el trabajo, con tus relaciones, con tus amigos, con tu pareja, con tu familia... y decides salir a bailar y tal vez consumir alcohol probablemente en exceso y, bajo su influencia, conoces a alguien y bailas, te acercas más y más y te besas, sí, con alguien a quien apenas conociste y luego, algo más, y tal vez terminas en la cama con esa persona... y luego, otra persona, porque ¿a qué relación podrías aspirar con alguien de quien apenas sabes el nombre, y eso si se lo preguntaste y lo escuchaste bien. O qué tal que volteas a ver a alguien raro y acabas descargando tu furia a golpes con esa persona o viceversa, o sales del antro y chocas tu coche o tienes un accidente grave que involucra a otros pudiendo, incluso, perder la vida o quitársela a otro, a otra, a otros... ¿Cuántas historias así has escuchado? No es raro que suceda y todo esto es 100% resultado de tus decisiones.

El alcohol es tan accesible que es fácil que se nos salga de control, lo puedes comprar donde quieras, a cierta edad, y es bien visto. Incluso te da un cierto nivel dependiendo de lo qué consumas, qué marca, qué bebida. No creo que esté mal, ni bien ¡claro!, **sólo es** y, a partir de ello, una vez más solamente tú puedes decir qué tomas, por qué, para qué y cuánto. Aunque de momento sea más fácil conectarte con los demás tomando, a la larga pierdes el respeto por ti y por los demás también. Puedes hacerlo todo pero hasta dónde, sé tú quien decida, es tanta la satisfacción que no se compara, ni por poco, con el efecto del alcohol. Prueba una vez y verás cuanto más placer te da saber qué hiciste, qué dijiste, llegar bien a tu casa y despertar bien al día siguiente.

Después del alcohol están las drogas. Si sales a bailar y, por lo normal consumes alcohol buscando olvidarte de tu mundo, de tus historias, al no conseguirlo –porque si sucede es seguro que no sea más que momentáneamente- seguro vas a buscar otro camino y ahí están esperándote pacientemente las drogas… Tan es real y común que ya un capítulo completo lo dedicamos al tema de las drogas, puedes releerlo cada vez que resulten una tentación para que, lo que decidas, sea consciente y tengas presente las consecuencias. Todo en este mundo tiene consecuencias, todo.

Salir, bailar, disfrutar, conocer gente es maravilloso, es delicioso. Cuánto, cómo, para qué y por qué hace la total diferencia en los siguientes capítulos de tu libro y, cada hoja la escribes tú con tus decisiones, mismas que estás obligado a tomar todo el tiempo; incluso no decidir es una decisión, la de dejarle la pluma a cualquier otro para que escriba o haga algún garabato en tu historia, también.

Tienes un millón de opciones para hacer, para gozar y compartir con tu gente y hacerte feliz a ti mismo. Usa todas sin dejar que ninguna te use a ti.

Las relaciones: tu pareja, la familia, los amigos y la relación contigo mismo

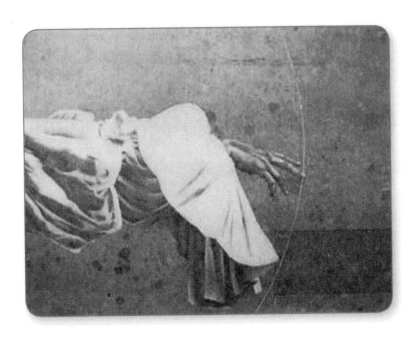

Te imaginas qué maravilla vivir rodeado de personas por las cuales no tienes que preocuparte, te ocupas de ellas ¡claro!, pero no puedes herir su susceptibilidad porque son libres y no les afectan las cosas que haces. Entienden que eres un ser humano independiente, con un sueño propio que no está pensando todo el tiempo en qué puede o no decir o hacer para lastimarlos y, aun si fueras de ese tipo, de los que viven lastimando a los demás, no les afecta pues saben que eres de ese tipo y no pasa nada, ¡qué bien!

¡Qué rico sería estar con ellos como quieres, cuando quieres, donde ambos puedan y sin condicionamientos!

Sin tener que hacerlos felices pues *¡ya lo son!*, dando lo que quieres sin tener que cumplir con reglas para hacerlo, libre, ¡libres!

Pues te tengo noticias… Tú puedes empezar por ser una de esas personas, una de esas *extrañas criaturas* que no se lastiman por lo que otros hacen o no hacen, dicen o dejan de decir. Puedes ser punta de lanza de esta *nueva raza* que vive sin cuestionar a los demás, sin exigirles lo que deben hacer sólo porque son tu mamá, tu papá, tu tío, tu abuelo, tu abuela, tu hermano, tu mejor amiga, tu amigo, tu novia, tu novio, y recibiendo con gratitud lo que pueden dar, hacer o decir en ese momento.

Naciste y creciste solo, y solo te vas a ir, bueno, puede que te toque partir en la caída de un avión o en un accidente donde varios cambien de estado al mismo tiempo, pero igual, en el momento del último latido estás TÚ solo, quienes te rodean son aliados o parásitos, socios o enemigos, eso depende completamente de TU punto de vista.

Cuando lastimas o te lastiman puedes reaccionar y justificar tu acción personificando el papel del que le importa poco lo que otros sientan y hasta comprar ese personaje que te aísla de los demás y te aleja de tu deseo natural de compartir la vida con ellos.

Y sí, una noticia más, es natural querer compartir, es natural desear la compañía de los demás. Es en compañía de otro que se da la vida, está en nuestro programa y, es probable, que estés leyendo y estés pensando que tú no necesitas la compañía de nadie, que estás mejor solo, que así nadie puede decirte qué hacer y, la verdad, es que tienes razón en varios puntos, no necesitas de nadie y nadie puede decirte qué hacer...

Ahora regresa el tiempo al día en que naciste y piensa qué hubiera pasado si en el momento justo de tu nacimiento todos se hubieran ido. Si al salir del vientre de tu madre el doctor, las enfermeras, hasta ella se hubieran marchado y te hubieran dejado ahí cubierto únicamente con la grasa natural que te envuelve al nacer para proteger tu salida, y sólo cortaran el cordón umbilical para separarte de tu madre pero que nadie lo amarrara. ¿Cuánto tiempo calculas que habrías podido permanecer aquí en este mundo? No lo sé con exactitud, creo que bastante poco.

Todos, en una circunstancia u otra, nos vamos ayudando a estar y a permanecer en este mundo por cuanto es suficiente para dar el siguiente paso. Muchos lo llaman necesidad, yo pienso que se trata de cooperación. Cooperamos con los demás y ellos y ellas con nosotros para mantenernos aquí, para aprender, crecer y evolucionar, así que, aunque buscaras tener razón y no *necesitaras* a nadie, ¡qué bueno que están aquí! ¿Verdad? Y ¡qué bueno también que tú estás aquí!

Y es que, si hay algo maravilloso en este mundo, es el de poder compartirlo, poder verte en otros y poder hacer tu vida en complicidad con alguien más.

Cuando hablo de *verte en otros* me refiero, específicamente, a una analogía que dice que quienes te rodean son como espejos para ti, es decir, que te das cuenta del que eres gracias al *reflejo* tuyo en quienes comparten este tiempo y espacio contigo.

Esa es la mayor bendición en las relaciones: el verte y ser mejor a partir de eso que ves de ti en otros.

Por supuesto que hay relaciones que –pensando que la intención es vernos en ellos- son espejos más grandes y mejores, más limpios. ¿Qué quiero decir? Son espejos que te muestran más de la realidad que otros.

Es muy común que tus padres y tu pareja sean tus espejos más importantes y éste es el punto: si te muestran más de quién eres, cuando lo que veas te guste, los vas a amar por lo que están reflejando de ti y, cuando no te guste lo que veas, vas a pensar lo peor de ellos y puedes hasta sentir que ¡los odias! Suena fuerte, aunque sabes que no exagero.

Y una vez más, no es la verdad, es sólo lo que traduces a partir de interpretar el mundo como nos enseñaron a hacerlo, es atender únicamente al estímulo *acción-reacción* sin meter el freno para pensar: ¿por qué me siento como me siento? y ¿qué puedo hacer para parar el péndulo que va y viene sin control, del amor al odio y del odio al amor?

Las relaciones más importantes de tu vida oscilan entre sentimientos que se encuentran y no hay un momento donde la claridad aparezca para dar paso a la verdad ¿quién es esa persona en tu vida?, ¿qué bendición te trae? o ¿sólo te viene a quitar energía? Energía que necesitas para hacer de cada uno de tus sueños una realidad.

Tu pareja

Para hablar del amor de una pareja no podemos hablar de reglas porque no existen. Tú, y sólo tú, vas a escoger a ese hombre o a esa mujer para compartir lo mejor de ti; pero sí, podemos decirte que siempre serán las relaciones donde más energía inviertes porque no siempre estás con quien te suma, muchas veces escogemos a alguien que nos resta. La razón únicamente la puedes encontrar buscando en tu propio sistema de creencias, a lo largo y ancho de tu MI, sin embargo sí es cierto que existe un cómo elegir a quien más te conviene para crear un sueño maravilloso, días de luz y no de sombra y, es tan fácil como **poner atención.**

Tengas una relación heterosexual u homosexual y, siendo o no el *príncipe azul* o esa mujer: *la mujer,* -¡son puntos de vista!- será él o será ella quien te acompañe por el camino de tu vida a partir de que decidan estar juntos y, si no es hasta que cambies de estado, hasta que mueras, por lo menos estará contigo un trayecto, te lo aseguro, muy importante en tu vida. Cuando tienes una pareja siempre te marca, te toca el alma, trascendentalmente y si no lo has vivido ya lo vivirás…

Cuando llega ese momento en tu vida en el que al ver a alguien a los ojos todo tu ser te pide estar con él o con ella sin más explicaciones, el amor, no el que tienes que pensar o definir qué es, sino ese que no tiene porque justificarse, el que pertenece a la verdad absoluta, que ES sin decir, sin definirse, sin romperlo, tratando de interpretar, –lo cual es imposible- ¿cómo explicar lo que no entiendes pero sientes? Bueno, cuando así sea, cuando te llegue, no tengas miedo de que termine y por este temor dejes de vivirlo. Vívelo, porque lo único que puedes tener por seguro es precisamente que ¡un día se va a terminar!

Así duraras la vida entera con alguien, un día, alguno se va a morir, quizá uno primero que el otro, tal vez al mismo tiempo ¿y qué? Si esto te queda claro, que algún día se va a terminar, sólo te queda un camino: ¡disfrutarlo, vivirlo y gozarlo!

¿Para qué preocuparte por lo que es un hecho que va a suceder? Es algo natural y no tiene nada de malo, ni de bueno, sólo es así. Antes o después, de la forma en que lo vives aquí, en esta tierra, tiene fin.

 *¡Ve y vívelo!*

Te tenemos una fórmula matemática para que sepas qué tanto te conviene invertir en esa relación tu energía, tu tiempo y tu espacio; contando ¡claro! lo más importante: tu amor.

Pensando que quieres una relación digna de una obra de arte que haga de esa vida juntos un sueño, entonces, no olvides aplicar el que *tú pides y eso se te dará*. ¡Pídelo todo! **TÚ ESCOGES**. ¿Qué porcentaje debes buscar y en qué áreas para lograr el 100% de el cien por ciento de placer, pasión, crecimiento, evolución y satisfacción cuando decides formar una pareja?

1. Atracción:

Qué sí tú quieres, que te guste, que te den ganas de estar con él o con ella, de besarlo o besarla y amarla o amarlo, para ponerlo más claro, ¡que sientas mariposas en la panza!... **50%**

2. Compatibilidad de almas, de personas o, aún mejor, de soñadores:

Si te gusta cómo habla, cómo camina, cómo come, cómo se ríe, cómo piensa, cómo y qué desea, cómo se viste, en fin… Cómo sueña su vida… **30%**

3. Compatibilidad de sueños:

Qué quiere de su vida, cómo quiere vivir su sueño, cómo pinta su cuadro… **15%**

SUMAN 95%

4. Te falta un 5% y eso, es lo único que deberías invertir. Tradúcelo como lo que tienes que ceder y poner en cualquier sentido para poder estar juntos.

Ese es un **100%** ideal. Así es tan fácil la relación que es poco lo que pones, funciona de maravilla. No vas a tener qué reclamarle a tu parea y viceversa.

Si tienes pareja, piensa, de cada uno de estos cuatro puntos, qué porcentaje tienen y mira entonces cuánto inviertes. Toma en cuenta que no puedes cambiar el porcentaje en un futuro porque cada ser humano es perfecto como es y, por más intentos por ser otro, *es el que es* y no tiene porqué cambiar, sí, -así como lo estás leyendo- ni siquiera por ti, cosa que no te vayas a tomar personal, no lo es ¡lo sabes!

Puedes invertir más del **5%** de nuestra fórmula si los otros porcentajes son menores y, en serio, que no tiene nada ni de bueno ni de malo, sólo se consciente de que así es y de que así lo eliges. Esa es una puerta para ser felices, aceptando lo que son y lo que suman, y lo que invierten en estar juntos.

Si no tienes pareja ya tienes una idea de qué puedes y quieres pedir.

 Ojo, esto es un acuerdo, no nos creas y no te creas, pero siéntelo

Por ejemplo: Si conoces a alguien y en el punto número uno tienes un **30%**, en el dos un **10%** y en el tres, si sus sueños son compatibles, un **25%** ¿cuánto inviertes? **35%**, lo que no es ni bueno ni malo, es lo que tú quieres.

Tú pones este porcentaje y cuando pelean le reclamas diciendo: -*Mira todo lo que yo he puesto aquí.* La inversión es el reclamo número uno cuando peleas… A pesar de esto tú puedes ser de aquellos que, después de todo, terminan pensando e incluso suplicando: -*¡Hasta invierto más pero no me dejes!* Y no importa que así sea, una vez más, ni es bueno ni es malo; sólo date cuenta de cómo es y eso te hará inmune a futuras decepciones cuando la relación no fue como la soñaste ¿*cómo?, ¿por qué?* Tú sabías cómo sería desde el principio y eres tú quien decide tener esa relación.

¿Cuánto tienes que invertir? Cuando en algún punto sientas que estás perdiendo, o bueno , *invirtiendo* de más, recuerda que no tendrías que poner más que un **5%**, pero que eso sólo sucederá si esperas a alguien que en los tres primeros puntos llene los porcentajes, existe.

Es muy común iniciar una relación con alguien que no tiene nada en los puntos dos y tres, pero que, en cambio, en el primero tiene el **50%**. Date cuenta de que en ese caso la inversión va a ser de **50%**, *y aquí entre nos,* entre un **5%** y un **50%** hay una gran diferencia. Sólo piénsalo.

No tengas prisa por tener una pareja. Es hermoso pero cuando es real y, para que sea así, tiene que darse *la magia*. Un día, sin saber ni cómo ni cuándo, llega sin forzarlo, para que la inversión sea la justa ¡la que te conviene!

Aprende, o mejor aún, recuerda que tú eres el único capaz de hacerte verdaderamente feliz. No busques a alguien más para que lo haga, no existe; no afuera. Busca dentro de ti, es ahí, la cosa es contigo, es hacia adentro y no hacia afuera.

Siempre habrán muchas otras relaciones donde tu amor será muy bien recibido. No inviertas más energía de la que debes en una pareja, usa tu poder, tu energía para tu sueño, para tu propia obra de arte.

Date cuenta dónde estás parado y cuánto estás invirtiendo. Cualquiera que sea la respuesta y cómo queden tus porcentajes, en realidad no tiene importancia, sólo sé honesto, sé *impecable con la palabra*, esa, es la llave.

La familia

Es el núcleo del que vienes, de donde tomas tus mejores y peores experiencias para después construir tu propia verdad. Es tu familia quien más apoyo puede darte y, al mismo tiempo, quien más toma de ti.

El centro de las sociedades, como las conocemos hoy, se llama familia. A partir de ella todo tu mundo se crea en un lugar del planeta o en el otro. El idioma, la religión, las creencias sociales y todo lo que le da soporte a tu sueño, tal como lo vives, nace de esta unión de personas que conocemos como LA FAMILIA.

De acuerdo a cómo tu familia vive la importancia de la misma es que este capítulo puede tocarte con más profundidad o no. A partir de lo que aprendiste de ella sobre lo que es -la familia- en principio y añadiéndole después el resto de la información que de ella recibes y de todos los demás lados, se marca la forma en que te vas a relacionar con el mundo. Así de trascendental es una familia.

Pero más allá de esto, piensa en los lazos que se dieron de forma invisible una vez que tus padres te regalaron lo más grande que nadie te ha dado jamás, y que nadie podrá darte: la oportunidad de VIVIR. Gracias a que ellos estuvieron juntos, a que hicieron el amor, tú estás aquí.

Yo no sé cuál sea *tu relación con tus padres;* si los amas en forma incondicional o has decidido que no, si les hablas o no hay comunicación, si están vivos o no, si te abandonaron, si sólo uno de ellos se fue, si están divorciados o juntos, si se aman o no, si están en una relación de *amor-odio* que te lastima, si uno de ellos abusó de ti física o verbalmente o en ambas formas. En fin, historias así sobran en cada casa, así que desconocemos cuál es la tuya. Tal vez tus padres y tú tienen una extraordinaria relación… pero, lo que sí sé, de lo que estoy segura, es que esos dos seres te dieron la vida. ¿Qué clase de vida en tu niñez y adolescencia? Dependió de sus creencias, de sus propias vivencias y de lo que ellos interpretaron sobre lo que a ellos mismos les pasó y que no tiene nada que ver contigo. ¿A qué voy con esto? A que entendamos por qué somos como somos y por qué también, quienes nos rodean, son como son. Después de entender o nada más saber esto a ¡soltar! ¿Cómo? Entendiendo que nada que otro me haga, así sea mi **madre** o mi **padre**, es personal. Pongamos en práctica el segundo acuerdo: *no te lo tomes personal.*

O sí, si quieres tómatelo súper personal, súfrelo, pásalo muy mal, rompe relaciones con ese monstruo que seguramente sólo te dio la vida para hacerte sufrir y, entonces sufre *–pobre de ti… que mal te va… sí, ya sé, la vida no vale nada… es horrible… a nadie podría irle tan mal como a ti…* ¿Es ese el sueño, perdón, pesadilla que quieres para tu vida? Todo el tiempo lo estás eligiendo tú, tus creencias, tu forma de ver y hacer la vida. Eres tú quien la decide y, lo único que quiero, es que pienses con claridad *qué quieres tú* para tus días. Serás tú quien diga qué y cómo y, ese, además del regalo que tus padres te dieron de poder vivir, es otro de tus más grandes regalos: **el libre albedrío.**

La comprensión que se da de la mano con la compasión hacia los otros te hace libre y eso te hace poderoso, y el poder te permite crear, hacer de tu vida, de tu sueño, **una obra de arte.**

Tus padres y tu familia, tus tíos, tus abuelos, tus hermanos –menores o mayores- hacen lo mejor que pueden. El cuarto acuerdo, **haz lo mejor que puedas** y, se den o no cuenta de esto, lo creas o no, hacen lo mejor que pueden. Si tú tomas conciencia de esto no podrás reclamarles, sólo los vas a entender. Hoy, lo mejor que pueden es lo que dan, lo que hacen y dicen, lo mismo ayer y mañana y, si lo entiendes y lo sueltas, nada puede lastimarte, eres infalible, eres poderoso.

La práctica hace al maestro. Hoy tú ya tienes maestría en interpretar el mundo como te enseñaron y no vamos a decir si está bien o mal porque simplemente es así, sin juicios de valor, sin ponerle significado. ES. Ahora, para reinterpretar a tu familia, tienes que practicar. La práctica hace al maestro.

El que hoy eres es resultado de lo que has interpretado sobre lo que te ha tocado vivir, por eso es importante que hagas un alto para soltar lo que no te sirve, agradecer lo que te ha llevado hasta hoy adonde estás y decidir cómo quieres ver lo que viene para darte a ti mismo la oportunidad de vivir como quieres hacerlo.

Yo lo veo así: Todas las personas que me rodean son maestros que me ayudan a aprender y a crecer y, como para eso estoy en este mundo, sólo puedo agradecerles, lo que hagan no me afecta si no lo permito yo, porque soy yo, únicamente, quien decide mi vida.

Una familia es maravillosa si así te lo propones, tal vez la tuya te dejó con ganas de más, en ese caso tú eres y tienes una oportunidad de hacerlo diferente, porque tú harás una familia en un futuro; créala desde el amor y sin rencor, esa es una oportunidad que tendrás siempre, que llegará a ti cada día.

Los amigos

A lo largo de todo el libro hemos hablado de elegir, de usar este poder y aún mejor, de darnos cuenta de que lo utilizamos todo el tiempo, pues qué mejor ejemplo de cómo usamos nuestro poder que con *los amigos* que son *la familia* que uno sí elige. Es en compañía de ellos que vamos creando nuestro sueño, ya que son parte de éste y en él a veces son alumnos y a veces maestros; a veces ángeles y viceversa; así nosotros en su sueño porque estamos aquí para ayudarnos a crecer y a evolucionar. Eso somos los amigos, cómplices para que veamos todavía más de lo que somos, para entendernos, para compartir lo que nos toca vivir, lo que juzgamos como bueno y lo que ubicamos como malo.

Lo que nos da felicidad, lo que nos la roba, las tristezas, las penas, la vida con todo lo que es. Tal vez pienses que encontrar un verdadero amigo, que cumpla con esto, es difícil, entonces te invitamos a que te preguntes qué tipo de amigo eres tú.

Siempre estamos esperando que los demás cambien para entonces nosotros dar el paso, para, *ahora sí,* yo también dar sin condiciones. Alegrarme por mis amigos cuando triunfan, respetar sus puntos de vista, ser compasivo con lo que, a nuestros ojos, fueron errores, fallas, que según nuestro criterio, según nuestra MI, cometieron y, ¡qué bárbaro, cuánta imperfección! Esperando siempre a que sea el otro el que dé ese difícil primer paso. ¿Y, es difícil de verdad ser así? Yo podría decirte que *no*, tú eres quien se va a dar a sí mismo la respuesta, pero creo que es más complicado, cansado y agotador ser juez, ser el que no da, el que no comparte ni se alegra, ni cree en los otros, el que se toma todo personal y vive haciéndose suposiciones de todo lo que ve y hasta de lo que ni ve.

Y luego nos preguntamos por qué nos falta energía, pues mira en dónde la invertimos…

Así es que, regresando a la parte en la que creemos que encontrar a un verdadero amigo es difícil, puede ser así y hay una razón. Piensa rodeados de qué tipo de información hemos crecido, qué hemos escuchado: *-No confíes, vete despacio, abre bien los ojos porque cualquiera podría traicionarte si no estás alerta-* eso escuchamos *todos*, el que podría ser tu amigo lo vio, lo oyó, así aprendió, al igual que tú. ¿Cómo pretendemos que salga una verdadera amistad desde ese campo, ese que es ya un campo minado y que donde lo pisemos va a explotar una bomba?

Campo Minado

Imagínate que tú eres un campo al que, con cada una de estas ideas y enseñanzas que recibiste, con cada acción y reacción, evento y pensamiento se le siembran minas, literalmente bombas, y nadie sabe con exactitud dónde quedaron colocadas. En algún momento alguien pisa tu campo donde hay una y explota y, tú sabes lo que sucede cuando una bomba explota, hay pérdidas, dolor, se sufre mucho y, aún peor, después de la explosión habrá que reconstruir todo y, en todo este proceso hay tiempo y energía invertida que ya no pudiste usar en algo constructivo, en algo que deseabas. ¿Te gusta perder el tiempo? ¿Te gusta perder tu energía? Hay una forma de encontrar las minas y desactivarlas y es por medio de la *maestría del darte cuenta.*

Darte cuenta de que tienes minas enterradas es el primer paso.

Las minas toman forman a partir de las creencias, son esos acuerdos negativos de pérdida y de traición que existen porque les damos fuerza al creerlos. Elimínalos, desactiva las minas dejando de creer en esos acuerdos y así las harás desaparecer.

Para que no vuelvan a sembrarse el siguiente paso es entender que, así como teníamos minas tú y yo, tus amigos también las tienen, así es que si pisas una de sus minas y explota, respeta su dolor y sigue tu camino sin minas, limpio, no reacciones a la explosión porque eso sembraría de inmediato una mina en ti.

Suena sencillo porque lo es, nada más son dos pasos: *respétate y respeta.*

No dejes este ejercicio sólo para las relaciones de amistad, porque así como aquí aplica, también hace sentido con tu pareja y con tu familia.

Y acuérdate que la práctica hace al maestro y, para tener un campo limpio y construir tus relaciones sobre este terreno seguro en el que no corres peligro de fracturas y pérdidas porque no están sobre explosivos, debes estar alerta de las minas que dejas que entren a tu campo y sacarlas y desactivarlas todo el tiempo porque siempre estás interactuando con los demás y, durante la interacción con los otros sueños, se te podría colar una mina, una creencia que explotaría si no la sacas. Cree sólo en lo que te funcione para ser feliz y libre y así, *ser amor,* eso hará de tus relaciones, instantáneamente, relaciones de amor.

La relación contigo mismo

¿Eres tú un amigo para ti mismo? Antes que contar con alguien más ¿cuentas contigo? ¿Cómo te ves a ti mismo? Realmente piénsalo… ¿Te amas?

Si le preguntas eso a tu alma seguro que cada respuesta va a ser afirmativa y positiva pero, si tu sistema de creencias, tu MI entra en acción habrá miles de respuestas posibles y van a depender del momento que estés viviendo, de lo que te sucedió hoy o en estos días, de lo que has visto o leído recientemente o de con quién has platicado y de qué. Por esto te decimos que no te creas, porque siempre estás cambiando y, lo que hoy te parece perfecto, mañana te va a dar igual o te va a molestar.

Para ser libre y feliz es simple, date cuenta de que así eres y que entonces carece de importancia lo que interpretes hoy, lo que importa es lo que es real, que eres amor, esa es tu esencia. Y si lo dudas, descubrirlo es muy fácil: siéntate en un lugar cómodo y mentalmente trata de describirte: eres hombre o mujer, nacionalidad, religión, nivel académico, económico, social; sigue con tu personalidad: agresivo o tranquila, perseverante, floja, distraído, enojona, sincero, dramática, culta, preparado… Piensa, piensa, piensa…

Si quieres escríbelo aquí mismo o en alguna otra hoja, o hazlo de forma mental…

_____
_____
_____
_____
_____

¿Ya? ¡Perfecto! *Eso no eres.* Eso que has pensado o escrito te describe hoy, pero *eso* no eres, ¿qué eres? Un ser humano o de plano ¡un animal muy evolucionado! Tampoco. Cada descripción que puedas hacer surge de interpretar las decisiones que has tomado a lo largo de tu vida para actuar e interactuar así con otros sueños y parten del cómo te ha funcionado ser para relacionarte según, ¡claro!, tu MI de forma segura.

Si has creído que enojándote consigues que te hagan caso o que te respeten, así vas a ser cuando lo necesites; si has visto que te funciona hacerte la víctima o el chistoso, así será entonces; pero *ese, esa* no eres, son sólo máscaras que usas y en esencia, en verdad TÚ eres VIDA, eres AMOR, esa es tu naturaleza, es de donde vienes y adonde vas. Lo demás es un juego de emociones, de sentimientos y pensamientos donde tu capacidad de crear está más que demostrada. Piensa en todo lo que nos rodea, las posibilidades que hemos creado para hacer, piensa en nuestras casas, formas de transporte, de comunicación, en la medicina, la ciencia en general... La vida no se detiene, continua, antes y después de los que somos en este momento, tú y yo y, tú y yo, somos la vida.

Así es que si te das cuenta de esto y lo haces tuyo no hay a donde ir para buscar amor. Eso eres, no hay porque no aceptarte tal como eres, esa que eres tú, es ideal, eres la vida y, con el amor y la vida, siempre vas a contar.

No lo dudes y no lo busques. Es así. Con tu aprobación o sin ella, es así.

Alguna vez has visto a un perro tratándose de morder la cola. Bueno, imagínate como se ve girando y girando sin conseguirlo; así nos vemos nosotros buscando en todos lados lo que por naturaleza nos pertenece y ya tenemos y tendremos siempre. Te tienes a ti mismo, siempre te has tenido y te tendrás a ti misma. Saberlo es libertad, es luz y es paz, siempre estarás para ti, cree en ti, apóyate, lucha por ti y sueña para ti el mejor de los sueños.

Tú eliges, ¡es tu vida!

Como yo creo que la verdad es relativa y que cada uno de nosotros va creando la suya, también creo que esto requiere de tiempo y energía y que, por lo tanto, uno debe tener bien claro dónde la deposita.

En qué, quién y por qué inviertes **tu tiempo,** pues de lo único que eres dueño realmente… es de tus momentos. Y no creo que valga la pena pensar si esto que hago o aquello que decido hacer está bien o mal. Creo que lo que es fundamental es reflexionar por qué lo prefiero entre otras cosas, por qué me pongo en ese lugar a pesar de las consecuencias, cuál es mi objetivo real, qué necesidad, qué vacío siento para entonces buscar satisfacerlo, llenarlo, haciendo esto o aquello, detenerte a pensarlo, tal vez por sólo unos minutos, puede hacer una gran diferencia en tu forma de vida, y, por lo tanto, en lo que creas de tu vida. Joseph Goebbels (ministro de propaganda nazi) dijo algo que expresa claramente el cómo muchas veces nos hacemos de **verdades**: *"Una mentira adecuadamente repetida mil veces se convierte en una verdad".*

Es tu vida. Nadie puede juzgarte si tú no lo permites, ¿quién abre la puerta a lo que, quienes te rodean, piensan de ti? Eres tú y sólo tú. Entonces ¿por qué nos enfrascamos con tanto esfuerzo en el qué dirán? No puedo contestártelo porque esa respuesta es única en cada caso. Cada uno de nosotros tiene su propia respuesta aunque tengamos coincidencias colectivas que podrían ser tomadas como la respuesta principal, por ejemplo, que todos por naturaleza humana tenemos la necesidad, la enorme necesidad, de sentirnos aceptados, de sentir que pertenecemos a un grupo, que formamos parte de uno… "Yo soy así", "yo de esta otra forma", ¡y nos vestimos y todo de acuerdo con ese grupo! Consumimos todo lo que el grupo al que queremos pertenecer consume, y no entiendo por qué nos encerramos en esa actividad y/o forma de ser. Lo podemos ser todo, si no dañas a otros, cosa que de una u otra forma se te regresa, ¿por qué ser de una sola manera? Si es lo que quieres **¡perfecto!** Pero que siempre sea con la certeza de que lo decidiste tú…

Es muy buen momento para que te preguntes si no estás algo aburrido... El aburrimiento o falta de propósito en la vida generan el espacio ideal para darle la bienvenida a las adicciones, cualquiera que sea: a algún psicotrópico, es decir, alcohol, drogas y tabaco, al ejercicio, a alguna relación, a la moda, a la tecnología... Internet, medios de comunicación, juegos electrónicos, al trabajo, a comer –atracones-... Y todo para seguir movimientos que creó alguien más, sin saber en qué pensaba cuando lo hizo, para darle crédito a los pensamientos que nada tienen que ver con tu verdadera naturaleza y, mientras yo escribía esto, alguien con quien lo compartí me dijo que el aburrimiento es producto del capricho y la exigencia y, cuando es así, seguramente es porque nos hemos vuelto ciegos a lo que la vida es. Si bien es cierto que vivimos en un mundo donde no estamos de acuerdo con todo lo que sucede, lo es también que evadirnos no cambia nada.

El tiempo pasa muy rápido y un día este mundo ya no será para nosotros y nos iremos, pero mientras estemos vivos podemos decidir hacia dónde vamos y qué podemos crear con nuestra vida, tú con la tuya -¡que es sólo tuya!- ¡Inventa! El límite lo pones tú, basta con salirte del cuadro para ver los eventos de tu vida con distancia, para verlos con claridad...

Mira, ponte la mano pegada a la punta de tu nariz... ¿Cómo saber que es una mano? Ahora, estira el brazo hacia el frente y vuelve a verla. Siempre hay que tomar distancia de los eventos para entonces verlos en su dimensión real y ver, además, cómo es que realmente todo pasa, la vida pasa ¿y tú?, ¿qué vas a hacer con la tuya?...

Tu vida es única, tiene un propósito y ya de entrada comenzar a buscarlo es olvidarte del aburrimiento y de lo que los demás dicen o no de ti, de lo que otros esperan que hagas, de lo que piensan que deberías ponerte de ropa, usar de accesorios, qué marcas, qué consumes y qué no es parte del grupo. Tu grupo eres tú, y es que tú si vas a estar contigo la vida entera, ¿a quién le puedes poner más atención entonces? ¿A quién vas a escoger para escribir el libro de tu vida? Mírate a los ojos en el espejo y, si crees que en algo te has fallado, pues pídete perdón y promete que tú vas a contar contigo siempre, y cada vez que creas que ya no puedes, mírate, ahí estás. Que no te quepa duda de que siempre podrás contar con alguien... Contigo.

Trastornos alimentarios

> *"Eres lo que comes".*
> Ludwig Feuerbach

Y si eres lo que comes, *viceversa,* literalmente, dejas de comer, dejas de ser. Los trastornos en la alimentación pueden causar la muerte, pero no sé si te has detenido a pensar en si en realidad es vida la que se lleva todo el tiempo pendiente de lo que se ha subido de peso, -así sean sólo uno o dos kilos- mirándose al espejo para analizar si se está suficientemente delgada o delgado, revisando lo que se come, por qué, a qué hora…

Durante nuestra vida generamos y somos sometidos a miles de estímulos; la estética del ser humano ha sido una preocupación para éste desde hace varios siglos, es un estímulo que podríamos llamar primario puesto que la vista es uno de nuestros principales sentidos, a menos que no contemos con ella.

Recuerda a los griegos, si un bebé no cumplía con los requisitos físicos necesarios para ser considerado apto para la vida era abandonado en la montaña y así, a lo largo de la historia y ancho del planeta, encontramos tantos ejemplos de la forma en la que nos otorgamos valía los unos a los otros por nuestro aspecto físico que, en nuestra necesidad de aceptación, nos preocupamos constantemente por pertenecer a los estándares de belleza del lugar en el que vivimos...

Sin embargo, es posible que luchemos en contra de esto y entonces nos veamos en la otra cara de la moneda procurando que nadie nos voltee a ver, haciendo todo lo necesario para no ser atractivos a los ojos de los demás y, aún más, a los nuestros. Un camino puede ser la obesidad vía los atracones de comida, un problema que resulta mucho más común de lo que se piensa y el cual también se trata, por supuesto, como trastorno de la alimentación.

El tema de la anorexia y la bulimia nervosa no es nada nuevo aunque el nombre de la enfermedad e incluso la tipificación de la misma como tal y su tratamiento, sí resulten más recientes.

Pero pensar que los trastornos de la alimentación tienen como causa única la apariencia física es superficial. La estética, el ser bellos, no se relaciona siempre con sentirse hermoso, es más, *desafortunadamente,* es rara la persona que es bella y lo cree. Nunca es suficiente y puede que sean las personas más hermosas del mundo las que más sufren con el tema de la belleza y la apariencia física, puesto que creen que el valor que les dan sus amigos, su pareja y quienes los rodean se debe a su físico y esto genera una enorme inseguridad.

Si te identificas con esto debes saber que puedes reinventar tu historia, agradecer los atributos físicos que tienes pero primero valorar todo lo que puedes generar y ofrecer distinto a la belleza y no *porque un día se acaba,* como siempre escuchamos; porque si eres feliz la belleza no se va, se transforma porque viene de otro lugar que no es el que cumple un ciclo como el cuerpo, la piel y los músculos; viene del alma y sale por tus ojos por lo cual serás siempre una persona hermosa, digna y segura, quien además habrá realizado muchos sueños paralelos al estético, que, aunque de entrada, en las relaciones como primera impresión cuente, acto seguido pasa a segundo término.

Basar el tema de los trastornos alimenticios en un plano estético o físico lo deja, justamente, en un plano superficial. Para ir a un nivel más profundo hay que pensar en el alimento, en lo que significa darte de comer, nutrirte. Éste es el punto, si no quiero comer, no quiero alimentarme, así que no quiero vivir. Esa es la verdadera historia, puedo vestirla del color que sea, ponerle el título que sea, pero la realidad es que si no como no vivo, si no quiero comer no quiero vivir.

¿Qué puedes haber interpretado de la realidad?, ¿qué historias decidiste crear para que tu sueño no valga la pena y no quieras luchar por ti? ¿Cuánta importancia pueden tener los otros en una película en la que la protagonista eres tú, quieras o no tomar las riendas? Porque no tomarlas significa también haber decidido algo.

Creo que nada pasa por casualidad, mucho menos alguien, así, si tú estás en este mundo, -aunque te lo hayan dicho un millón de veces y no quieras creerlo- es así, no estás aquí por una casualidad, hay una razón, tú eres esa razón. No es para *nada* ni para dejar de vivir antes de dejar de respirar, porque una vida sin alimentarte no es una vida en realidad, no se trata únicamente de la muerte oficial, la que determina un doctor que no encontró ya signos vitales, se trata de la muerte en vida, de vivir sin vida…

Piensa en tu corazón, éste siempre, sin importar qué pienses o qué hagas, tiene fe y dice sí. Cada latido es una respuesta a una pregunta que no alcanzamos a escuchar, es un sí a la vida, tu corazón no deja de responderle *sí* a la vida, hasta que un día, en el momento justo, en el momento perfecto, le toca decir *no* y te vas, cambias de estado. Tú puedes adelantar ese *no,* ese único día en el que tu corazón cambia de respuesta, pero ¿cuántas oportunidades de tocar, de oler, de ver, de sentir, de probar, de amar y de ser amado estás dejando ir sin darles la oportunidad de aparecer en los días que te tocaban, cuando todo lo que parecía terrible mostró su verdadera cara como bendición disfrazada? ¿Te acuerdas de las bendiciones disfrazadas? Aquellas que te llevaban a otro lugar para ser más madura, más libre, más feliz.

Son dos movimientos en este ajedrez en el que crees que vienes perdiendo. Dos que nadie puede hacer sino tú y sólo tú: paciencia y fe. Así como tú no *eres* en este mundo por casualidad, nada de lo que te sucede es casual, tiene un porqué y mejor aún, un para qué. Encuentra el placer de descubrir para qué y abraza la vida, dile conscientemente sí, como no escuchabas antes que lo hace a cada latido tu corazón, porque tú decides qué historia va a contar tu sueño, tú decides qué pasa con tu película donde el protagonista eres tú. No dejes que nadie más cuente tu historia, nadie como tú para hacer algo maravilloso con tu sueño y, no se trata de que ya nada te importe, o que nada te haga sufrir o enojar, esa parte también es muy entretenida, ¿quién vería una película en la que no pasa nada? Pero deja que lo que pasa *pase* porque *todo pasa,* lo dijo el Dalai Lama y es así, nada importa tanto como cuando está sucediendo, aprende a salirte de la película y a verla como un espectador, sin dejar de sentir, pero sin que te lastime en realidad lo que está sucediendo porque te aseguro que esto también *pasará.*

Más decisiones

La influencia de los medios de comunicación en nuestros deseos y nuestros sueños.

No puedes evitar a la información, es casi como una invasión, si no te llega por la derecha te llega por la izquierda y, si no por arriba y si no por abajo, vaya, entre la televisión, los periódicos, el radio, el Internet, las revistas, el cine…

…A quién te quieres parecer… de quién quieres ser totalmente distinto… con qué estás de acuerdo… con qué no… qué piensas de esto, qué piensas… de lo otro… qué está en boga, es decir de moda… comer qué… vestirte cómo…tomar qué… cuánto tengo que ganar… en qué me lo tengo que gastar… cómo reaccionas… cómo hablas… de qué hablas… qué tan feliz eres y ¡qué tan infeliz!... Qué deseas…

Aunque te retiraras a un monasterio a meditar por siempre y decidieras no escuchar más estos dictados, ya te están influyendo impulsándote a tomar decisiones…

Es una energía poderosa, muchas veces incontrolable, como cuando una manguera a la que le sale un gran chorro de agua se te escapa de las manos… haber…, para volver a agarrarla te vas a mojar todo, vas a correr por todos lados y, es posible ¡que se te vuelva a soltar! Suena estresante, en algún punto lo es… pero… parar, dejar de correr detrás de la manguera, eso puedes hacerlo, soltarla, va a sacudirse, un tiempo después va a caer al piso y ahí se va a quedar, no va a dejar de salir agua (información) de ella, sin embargo con calma podrás decidir cuánta y en qué momento la tomas, y de eso se trata, de salirte del cuadro, ver cada cosa desde afuera y así tomar decisiones, qué quiero y qué no y por qué.

¿Qué me viene bien?, ¿qué me funciona?, ¿qué me sirve? Eso lo voy a tomar, lo otro es bueno que exista ¿por qué no? Es parte de la vida también, pero… no es para mí.

Si entras a un laboratorio y –no es que seas químico exactamente- empiezas a ver todo lo que hay alrededor, los cientos de frasquitos con sustancias de colores distintos, con texturas y olores diferentes, algunos te gustan pero otros no; tratas de hacer algunos experimentos, tomas un frasco, mezclas el contenido con otro, ves qué pasa, tomas otro y así sucesivamente... Te estás divirtiendo, de repente ves un frasco con un contenido que no te gusta y lo tiras, decides que eso no es bueno porque a ti no te gusta y ves otro, e igual lo avientas, de repente... ¡causas una explosión! Pues ¡claro! Toma los frascos que quieras, para eso es la vida para experimentar y probar pero, no porque existen otros que a ti no te gustan los vas a tirar, déjalos donde están que por algo existen y, te aseguro, que alguien más los está buscando.

Qué, de lo que nos han enseñado, debemos seguir y cómo reconocer la diferencia...

Imagínate todas las opciones de colores, sabores, texturas y olores que puedes encontrar en los frascos de ese laboratorio... Todo lo que puedas imaginar está ahí y todo lo que no alcanzas a imaginar también... Los pasillos llenos de anaqueles y éstos llenos de frascos, de todos los tamaños, con los más distintos contenidos, son infinitos y, por supuesto, las posibilidades de las combinaciones también. Puedes obtener cuanto sueñes... es así... LA VIDA es así, ¿qué de lo que nos han enseñado debemos seguir y cómo reconocer la diferencia? Fácil, fácil, fácil…

Primero, no creas nada, todos son acuerdos y, en su calidad de acuerdo, limitan. *–Este pasillo del laboratorio puedes usarlo pero sólo para esto y esto. A este pasillo no puedes entrar, a éste sólo si haces o si no haces…* Son acuerdos, es cierto que muchos de esos acuerdos se crearon según la experiencia de los que nos antecedieron, por eso, aprende a escuchar. Si alguien te dice que esta sustancia y esta otra mezcladas dan X y que esa X no te va a gustar, escucha y, estando alerta, toma las decisiones correctas para el sueño que estás pintando para ti mismo, para ti misma.

Segundo, pregúntate qué tipo de sueño quieres crear. Imagina que vas a crear una obra de arte, primero tienes que saber si quieres una pintura, una escultura o qué vas a querer hacer, entonces sabrás cuáles materiales necesitas y cuáles no. Si te decides por una escultura no necesitas un lienzo; aunque encuentres uno hermoso, no lo necesitas. Decidirte por algo elimina otras opciones, es así.

Tercero, soltar. Esa parte cuesta trabajo porque ¡claro! quiero una vida plena, sana, una familia hermosa, fidelidad, conocer el mundo, etc., pero quiero también el reventón, mujeres, alcohol y drogas; no combinan, estas sustancias no se mezclan. ¿Quieres esto o lo otro? Decides y vas por lo que quieres, sino no tienes ni A ni B, mira…

A ◄──── -Tú- ────► B

Desde donde tú estás –en medio- comienzas a dibujar una línea hacia **A**, pero antes de llegar, mejor te decides por **B** y vas hacia allá, antes de llegar recapitulas y vas hacia **A**, pero otra vez, antes de llegar mejor quieres **B**, te regresas, no, no, no, mejor **A**, ¡Ay no! mejor **B**, otra vuelta… Hazlo de verdad, toma una pluma y mira el garabato que queda. ¿Esa es la vida que quieres? Nunca se te olvide… ¡**TÚ ELIGES**!

Una vez que tenemos el control de lo que vamos a hacer, ¿cómo saber qué elegir?

No te creas y escucha a tu corazón, el control lo has tenido siempre, saberlo te enseña, instantáneamente, a usarlo. Elige lo que te hace sentir feliz, elige lo que te genera paz, elige compartir, está comprobado que los momentos más plenos de un ser humano los vive cuando comparte, no cuando genera o crea o le reconocen o le aplauden, sino cuando comparte.

¿Qué elegir? Cuanto quieras, cuanto desees ¡la vida es para vivirla! Un día tu corazón tendrá que decir que no, vas a cambiar de estado y, cada día antes del instante del *no,* habrán sido **tus elecciones** las que lo hayan pintado del color que haya sido. Sí es cierto que es una gran responsabilidad, pero es más una GRAN oportunidad que *es,* después de la vida, ¡tu regalo más grande!

¿Qué es lo que importa en la vida y es importante para sufrir?

La vida es un maravilloso juego pero no es más que eso, un juego. Por más serio que te lo tomes, se acaba. ¿Cómo se acaba? No sabemos, ¿cuál será la vía para que cada uno de nosotros muera? Quién puede y, tal vez, quién quiere saberlo, pero eso sí, lo que todos sabemos es que se acaba.

Alguien me dijo un día: *"El dolor es inevitable, pero el sufrimiento, ese, es opcional".* Desde luego que hay cosas, situaciones, personas o eventos que duelen ¡claro! A ti, a mí, a todos, duelen… ¿Y después? ¡Ah no!, pues posteriormente ya eres tú quien decide qué sigue. Sí, tú eliges qué hacer con ese dolor que al final no es más que energía… en qué la transformas…

- **En drama**

- **En fuerza**

- **En rencor**

- En aprendizaje

- En miedo

- En evolución

En la vida vale la pena lo que te lleva a la evolución, para eso estamos aquí, para evolucionar y, de hecho, es lo único que no se detiene. En un mundo de ciclos donde todo cambia lo que permanece es la evolución, no me tienes que creer, sólo voltea de unos siglos atrás a la fecha.

¿Qué vale la pena entonces? TODO y es que todo es un pretexto para la evolución, ahora, ¿vale la pena, literalmente, la pena, *penar*? No lo sé, esa decisión es tuya, nada más una cosa, como todo en este mundo para hacerse requiere de energía... penar (sufrir) requiere de energía y tú tienes energía y tú eliges en qué la vas a invertir... Puedes invertirla en sufrir, en crecer, en gozar, en amar, en creer y darte permiso de seguir soñando. Tú dices.

El ser espiritual

¿Para qué me sirve tener un camino espiritual?

Siempre que sabes adonde vas es mucho más fácil escoger por dónde y así, cuando llegues, tener la bendición de darte cuenta de que así es. Lo que quiero decir es que puedes ir a *ningún lado* y ni siquiera estar enterado... Eso puede ser frustrante porque todo lo que consigas será quién sabe porqué y para qué, entonces, no hay satisfacción y sí un gran vacío.

Tener, en cambio, un camino es tener un por dónde ir adonde ya decidí que quiero ir y la intención no es que ahora que hablamos de esto cierres los ojos y busques un camino espiritual a seguir, esa no es una posibilidad porque estarías asumiendo que no estás en uno y, si hay una verdad desde que llegaste a este mundo, tomaste un cuerpo y comenzaste a existir como te conoces, es que vives un camino espiritual, tienes uno, el tuyo, si te escuchas sabrás siempre qué hacer, por qué y para qué. Sabrás siempre adonde ir. (Sólo detente un momento, quítate la venda de los ojos y mira tu camino). Conocerlo te hará libre. A lo largo de tu camino no puedes herir a nadie, no hay sufrimiento, no hay miseria, nada pasa para nada, todo es para evolucionar, todo cuanto suceda a lo largo de tu camino resultará en una bendición, a veces una fácil de ver, obvia, más clara que el agua y, otras veces, será una bendición disfrazada.

Yo también me pregunto por qué, si tenemos nuestro propio camino espiritual donde todo es posible, donde lo que sucede a partir de mí y lo que me pasa es perfecto porque atiende a la evolución, un día resulta que tenemos una venda en los ojos y no atinamos a recorrerlo y buscamos en tantos otros sitios, dando tumbos ciegos a la verdad... pero creo que es parte del juego de la vida y que es tan grande la satisfacción de abrir los ojos una y otra vez que, personalmente, no me perdería el trámite de recordar una y otra vez que tengo mi propio camino y que es el amor.

Quiero decirte una cosa más... La venda no se va a caer porque leas esto, será siempre que te leas a ti.

Para conocerte y poder leerte existen muchos otros caminos, religiones, filosofías de vida, distintas ideologías, meditación, yoga, etc., hechos de acuerdos con los que puedes estar o no de acuerdo, pero conocerlos te ayudará a conocerte porque sabrás de dónde vienes y así como el quitarte tú, a tu manera, tu venda una y otra vez y así abrir los ojos a tu camino podrás entonces darte cuenta que es, y siempre ha sido por ahí por donde has andado.

¿Cómo conecto con mi maestro?

El hecho de conocer otros caminos espirituales como otras religiones, además de conocer la que, si es así, te ha acompañado desde que naciste, implica conocer a sus maestros, si te comprometes con el tema habrá algo que coincida en cada caso… el amor.

No el símbolo del amor como lo conocemos por alguien más que tiene que hacerme feliz y darme y darme y darme ¡ah sí! Y a quien a veces yo también tengo que darle. El amor del que hablamos es el de la fuente, infinito, eterno, compartido, compasivo, creyente…

Cada maestro ha dado este amor a sus discípulos, algunos lo han visto y lo han retribuido, algunos no lo han visto y entonces negaron a ese maestro y buscaron algún otro u otros y, lo más común con ese amor es que se le ha reinterpretado y se le ha dado la forma que más conviene a "algunos". Pero verdaderamente -ese amor- busca libertad, liberarte y despertar a tu propio maestro, al que vive en tu corazón.

Abre los ojos a tu destino

Imagina que ya te quitaste la venda de los ojos y ves tu camino, así, conscientemente, puedes elegir adonde ir. Elige ir al centro, vas a ver un árbol enorme, el más grande que veas al centro de tu camino, es infinito. Si volteas hacia arriba y no ves la copa de tu árbol es porque llega al cielo; la raíz de tu árbol infinito al centro de tu camino se llama *amor* y es, a través de éste, tu propio árbol de la vida, que estás conectado al infinito. Ese es tu destino, está en tu propio camino y llegas cuando conectas con tu maestro... El amor que te da raíces y al mismo tiempo te eleva adonde perteneces, de donde vienes.

La maestría del darte cuenta

La maestría del darte cuenta es la herramienta más poderosa para despertar porque *darte cuenta* es ser libre, no estás atado a nada, no supones... Te das cuenta, no te tomas nada personal porque te das cuenta, no buscas hacer lo máximo que puedes, te das cuenta, sabes que lo haces... Eres libre y te das cuenta.

El aquí y el ahora son el tiempo y el espacio donde puedes practicar la maestría del darte cuenta, porque sólo viviendo como lo hacías cuando eras un niño, en el presente, puedes darte cuenta de la verdad y es precisamente la práctica la que hace al maestro, entonces, para ser un maestro de la *maestría del darte cuenta* tienes que practicarla ¿cómo? Sólo atendiendo a la verdad, sin creerte y sin creerle a nadie, pero escuchando algo entre el ruido, el mitote, como los toltecas, te hará sentido realmente y esa es la verdad.

Por naturaleza somos contadores de historias, está en nuestro sistema, así programados somos maestros haciendo historias, muchas de ellas, desafortunadamente, la gran mayoría son tristes, decepcionadas de la vida, no son divertidas, son serias y solemnes y antes no era así; antes en tu vida, cuando eras niño, tus historias eran mágicas, –llenas de luz, de amor- de diversión, de fantasía, un día eres adulto, creces y ¿qué pasó? Sucedió que te domesticaron, entraste al mundo de los grandes donde las decisiones tienen que ser serias porque importa, porque trasciende. Pues date cuenta de que no es así, ¿cómo me atrevo a decirte esto? Porque es verdad, por mucho poder que tengas y grandes que sean tus decisiones, *pasan,* todo en este mundo como lo conocemos pasa, esto, aquello, lo otro, tú y yo, todo pasará, date cuenta. Y sí es un hecho que la suma de decisiones da como resultado esto que conocemos como mundo, pero si queremos en realidad algo distinto hay que comenzar desde el amor, desde la libertad y el inicio es, sin duda, la maestría del darte cuenta.

Los *maestros* en esta maestría obtienen un regalo, la capacidad de conectar con su energía de niños donde saben que todo es posible, que así como su corazón siempre le dice que sí a la vida, la fuente siempre te dice que sí y conscientes de lo que pidieron, sabrán esperar a que llegue y sabrán también que lo que no llega como lo pidieron, llegará mejor porque no obtienen lo que quieren, reciben lo que necesitan para creer, crecer y después volar.

La *maestría del darte cuenta* es estar alerta a la verdad que es la única vía para ser libre y, la verdad es, como todo lo que es aquí en este mundo y en todos los otros espacios y tiempos: amor.

Hagas lo que hagas estarás despertándote y despertando a otros, porque en realidad todos somos maestros y alumnos al mismo tiempo, cómplices los unos de los otros de una sola cosa: la evolución.

Hablando de maestros y alumnos, de darte cuenta y así despertar, ésta es una historia que compartió un gran maestro cuando fue discípulo:

Tardó en encontrar al que sería su guía, pero una vez que lo encontró y logró convencerlo de que lo acompañara por el camino de Santiago –en Santiago de Compostela, España- estaba feliz porque para él éste era un camino muy importante para encontrarse y liberarse de cosas que él necesitaba así es que comenzaron el viaje…

Todo marchaba perfecto, cada noche buscaban un hostal para hospedarse y descansar, cenar algo, conversar; al caer la tarde de ese día buscaron un sitio y encontraron uno muy bonito, dejaron sus cosas en sus respectivas habitaciones, se encontraron en el comedor y vino a atenderlos un mesero joven, de unos 17 años, con todas las características que imaginas en un chico de su edad, así igualito a como crees que era, así. El maestro lo trató pésimo, podría decirse solamente que lo trató mal, pero no, la verdad lo trató horrible, le regresaba la comida, lo humilló, le gritó; bueno, imagínate al discípulo viendo esta escena. Se decepcionó de su maestro.

Después de cenar cada uno se fue a dormir y a la mañana siguiente regresaron al camino, el discípulo veía a su maestro con recelo, apenas le contestaba lo que le preguntaba, no quería comenzar ninguna conversación con él pues ya no le creía nada, el maestro sabía lo que pasaba, aun así le preguntó que si le sucedía algo, -nada- respondió el discípulo, hasta que el maestro se detuvo y le explicó:

-Sé lo que te pasa-, le dijo –estás decepcionado por la forma en que traté a ese muchacho ayer durante la cena. El discípulo asintió sorprendido, -esto es lo que sucedió realmente- sostuvo el maestro… -Ese joven no nació para quedarse aquí atendiendo las mesas de ese restaurante, aunque esto no tiene nada de malo, su destino es otro. Hoy por la mañana, indignado por la forma en que lo traté, tomó una maleta y se marchó para conquistar su sueño… Yo no lo maltraté, lo desperté.

¿Te das cuenta? La maestría del darte cuenta es la llave para ver más allá de lo que alcanza a ver tu MI, para atender a la verdad y ser libre y ser amor y aún más y mejor… darte cuenta que lo eres.

La muerte

Ser, hacer, creer, crecer, volar...

El paso siguiente en el camino a la evolución es el camino de regreso a casa, a la fuente, a la luz, al amor. Es parte del juego de la vida y es la vida en realidad.

Cada cultura se acerca al misterio que le significa este momento crucial en la vida de todos: la tuya, la mía, la de todos los que nos rodean, nos rodearon y nos rodearán de formas distintas, con diferentes historias, pero ¿qué son además de historias? Nada. Cada uno de nosotros se hará la propia sumando lo que le enseñaron y lo que quiere creer. Los Toltecas hacemos un ejercicio para formar parte de esta corriente natural en el juego de la vida.

Abrazar al ángel de la muerte cada día y en cada momento durante la vida, la muerte está presente siempre, fíjate y todos los ciclos se cumplen, todo comienza y termina; nace y muere una flor, la comida, las conversaciones, los amores, los viajes, la escuela, tus objetos favoritos, todo tiene un final y la verdad, es que esto no tiene nada de bueno ni de malo, lo vemos a través de nuestra máquina interpretadora, de tu sistema de creencias y le pones nombre… ¡Ay qué mal!, ¡uy qué bien! Abrazar al ángel de la muerte es aceptar este fluir natural de la vida y celebrar lo que tengo hoy, ahora y, cuando se va, realmente dejarlo ir… y así, un día, dejarte ir a ti mismo, natural, como es.

Comenzar requiere de valor pero necesitas más valor para terminar… ¿Qué hay allá? Es una sorpresa, es nada… ¿Es todo? Sólo ES y esa garantía la tienes, no dudes, no temas, no la sufras, la muerte ES y es para todos y después hay más vida, y después muerte y después vida y todo en espiral atendiendo a la evolución, al fluir natural del que todos somos parte, donde de forma general, visto desde fuera, todo es inconsecuente porque lo que realmente eres es amor, y nada puede hacer en verdad daño, porque hasta la muerte es sólo el paso siguiente, pero que de forma particular sí es consecuente, aquí en este momento...

Así es que, si sabes qué consecuencias quieres, debes saber qué elegir. Aquí y ahora, la decisión es tuya y ese es tu regalo más grande después de la vida, y tras la vida nos veremos y recordaremos este juego del que todos fuimos parte, donde el sueño que contamos atendió a cada una de las decisiones que tomamos...

Que tu sueño esté lleno de gloria, de amor, de momentos felices donde lo doloroso te lleve, de forma consciente, a darte cuenta lo libre que eres y la extraordinaria bendición que significa haber nacido.

Bibliografía

Ruiz, M., *Los cuatro acuerdos*, Urano, Barcelona, 1998.

Ruiz, M., *La maestría del amor*, Urano, Barcelona, 1999.

Ruiz, M., y Mills, J., *Cuaderno de trabajo de los cuatro acuerdos*, Urano, Barcelona, 2002.

Ruiz, M., *Oraciones*, Urano, Barcelona, 2003.

Ruiz, M., y Mills, J., *La voz del conocimiento*, Urano, Barcelona, 2004.

Mis notas